JAN
WUCHERPFENNIG

HEXEN, HENKER & HALUNKEN

**DÜSSELDORFER
GRUSEL-ORTE**

Droste Verlag

Vor wort

Städte werden geprägt durch die Menschen, die in ihnen leben, durch die Gebäude, die sie gestalten und die Geschichte, die sie schreiben. Fakten und Ereignisse, Kriege, Verträge und Religion, Herrscher und Beherrschte stehen dabei im Mittelpunkt. Bei näherem Hinsehen sind es oft die kleinen Geschichten, die das große Ganze erst wahrhaft interessant machen.

Was wäre Düsseldorf ohne den Hofgartenvampir, die weiße Frau oder den Schelm zu Berge? Schon die Kinder lauschen fasziniert den Geschichten um diese sagenhaften Gestalten. Sie beflügeln die Fantasie der Menschen, verursachen Gänsehaut und machen neugierig, was wirklich hinter diesen Geschichten steckt. Auf diese Neugier, den Versuch, das Unerklärliche zu verstehen und zu ergründen, begründet sich das vorliegende Buch.

Unzählige Geschichten finden sich in Büchern, im Internet oder auch in Zeitungen und Zeitschriften. Geschichten, die ganz klar dem mythischen, sagen- und märchenhaften zuzurechnen sind, aber auch wahre Geschichten, oft so rätselhaft, grausam und beängstigend, dass sie uns als irreal erscheinen.

In den Büchern, wie denen von Werner Reuters und Wolfgang Schulze oder dem Hörbuch von Nadine Loos, die sich den Sagen aus dem historischen Düsseldorf widmen, finden sich viele der auch hier geschilderten Geschichten. Wesentlich

ergiebiger ist noch das Buch von Oswald Gerhard und Wilhelm Kleeblatt aus dem Jahr 1923 und das Werk Vincenz Jacob von Zuccamaglios von 1870. Es sind Sammlungen von Sagen und Geschichten aus der bergisch-rheinischen Region. Beide versuchen, die rätselhaften Geschichten nach damaligem Wissensstand zu erklären, oft vergeblich – doch macht gerade das den Reiz all dieser vergangenen, mysteriös wirkenden Erzählungen aus: das Rätselhafte und Unerklärliche.

Auch das vorliegende Buch versucht das Fünkchen Wahrheit hinter all diesen Schilderungen zu entdecken und die oft übernatürlichen Phänomene zu erklären. Gelingen kann das nicht immer. Selbst bei den scheinbar gelösten Fällen, wie dem Mord an Hilarius Gilges oder dem Wüten des Massenmörders Peter Kürten bleiben Erstaunen und Verwunderung, Schrecken und Abscheu.

Bei der Auswahl der Geschichten spielten mehrere Faktoren eine Rolle. Zum einen sollten es bekannte Geschichten sein, wie die Geschichte um die weiße Frau von Düsseldorf, andererseits sollten auch unbekanntere Erzählungen in den Mittelpunkt gerückt werden, wie die Erzählungen von der Butterhexe von Vennhausen und der unkeuschen Nonne von Gerresheim. Wichtig war auch die Aufnahme von realen Mordfällen, die bis heute eine unheimlich Faszination auf die Menschen ausüben, wie der Fall Simon oder die Mordserie im beschaulichen Wittlaer.

Bei der Suche nach passenden Geschichten, ergab es sich, dass es in fast allen Teilen des heutigen Stadtgebietes Unheimliches und Mysteriöses zu berichten gab und gibt – und so kann dieses Buch auch als Wegweiser zu Plätzen und Orten genutzt werden, an denen einst Unheimliches geschah.

Ihr Jan Wucherpfennig

Grusel-Orte auf einen Blick

Die Straße
Altestadt

Altstadt

Die Düsseldorfer Altstadt ist Ende des 13. Jahrhunderts eine kleine Ansiedlung von Bauern und Fischern, die ihrem Herrn Graf Adolf V. von Berg in die Schlacht von Worringen folgen und an seiner Seite den Kölner Erzbischof Siegfried von Westerburg besiegen.

Hier residieren Fürsten und Herzöge, hierhin zieht es Reisende aus aller Herren Länder – sogar ein Kaiser hält in der Stadt am Rhein Hof. Johann Wilhelm, der von den Düsseldorfern liebevoll Jan Wellem genannt wird, erblickt hier das Licht der Welt und wird zu einem der mächtigsten Männer des Deutschen Reiches. Und auch hier, in der Bolkerstraße, wird ein Junge geboren, der gegen den Willen seiner Mutter einer der größten Dichter Deutschlands wird. „Die Stadt Düsseldorf ist sehr schön, und wenn man in der Ferne an sie denkt und zufällig dort geboren ist, wird einem wunderlich zu Muthe", schreibt Heinrich Heine, so der Name des Dichters.

Und verwunderlich kann einem zumute werden, wenn man tief in die Geschichte und Geschichten aus der Altstadt eintaucht. Die Stadt scheint von Mördern, Dieben und Ehebrechern zu wimmeln. Sogar Untote, Geister und Vampire geben sich hier ein Stelldichein.

Die ruhelose Tochter

Einst lebte in Düsseldorf eine Frau, deren Mann schon früh verstorben war. So musste sie sich und ihre fünf Kinder allein durchbringen.

Das Leben war hart. Den ganzen Tag flocht die Frau Körbe, um diese auf dem Markt von Düsseldorf feilzubieten.

Als ihre Kinder älter wurden, halfen sie ihrer Mutter. Einzig das jüngste Kind, die einzige Tochter, weigerte sich. Wenn sie von ihren Brüdern zur Arbeit aufgefordert wurde, fing sie an zu schreien, schmiss sich auf den Boden und trat nach ihren Brüdern und der Mutter. So ließ man sie in Ruhe.

Die Brüder aber wurden älter und verließen nach und nach das Haus, um zu arbeiten, eine Familie zu gründen und auf eigenen Beinen zu stehen.

war sie doch jähzornig und böse

Einzig die Tochter blieb bei ihrer Mutter – niemand wollte sie zur Frau haben, war sie doch jähzornig und böse.

Die Mutter aber liebte ihr Kind und tat alles, damit die Tochter glücklich wurde. All das Bemühen der guten Frau half aber nichts. Die Tochter wurde immer unzufriedener und jähzorniger. Sie schlug sogar die eigene Mutter.

Sicht auf den
Stiftsplatz

Die ruhelose Tochter **9**

Diese aber klagte nicht, sondern flocht weiter ihre Körbe, damit sie und ihre Tochter zu trinken und zu essen hatten.

So zogen die Jahre ins Land. Die Frau wurde alt und gebrechlich, und es fiel ihr zusehends schwerer, die Körbe zu flechten. Ihre faule und bösartige Tochter tat nichts, um der Mutter zu helfen. Eines Tages aber starb die Tochter. Die Nachbarn behaupteten, sie sei an einem vergifteten Herzen gestorben. Die Mutter aber weinte sehr, denn sie hatte ihre Tochter trotz all deren Bösartigkeit geliebt.

Als nun die Tochter beerdigt war, da schmückte die alte Frau ihr Grab mit den schönsten Blumen, die sie finden konnte – es war eine Pracht, sie anzuschauen.

Doch als sie am nächsten Tag zum Grab ihrer Tochter ging, da waren alle Blumen verdorrt, und inmitten des Grabes ragte die Hand ihrer Tochter hervor. Ein Schreck durchfuhr die Alte. Eilig vergrub sie die Hand ihrer Tochter, die sie so oft geschlagen hatte, und bepflanzte das Grab erneut. Doch am nächsten Morgen waren die Blumen auf dem Grab wieder verdorrt, und die Hand ragte erneut aus dem Grab empor.

Jeden Morgen ging die Frau nun in aller Herrgottsfrühe zum Grab, und jeden Morgen bot sich ihr das gleiche Bild. Die Leute, die das sahen, mieden die Ecke des Friedhofs und machten einen weiten Bogen um sie. Ihr unglückliches Leben wurde nun immer einsamer.

Eines Tages kam der Pfarrer an dem Grab vorbei. Schnell und ängstlich wollte er an der alten Frau vorbeikommen, die aber warf sich ihm verzweifelt in die Arme.

„Herr, helft mir!", flehte sie den Gottesmann an. „Was soll ich tun, dass meine Tochter ihre ewige Ruhe findet?"

„Herr, helft mir!"

Hilfe suchend ließ der Pfarrer seine Blicke wandern. Da sah er die großen Birken auf dem Platz und sprach: „Brecht Zweige von diesen Bäumen, und schlagt Eure Tochter, wie sie auch Euch geschlagen!"

So grub die alte Frau ihre Tochter aus und wollte tun, wie ihr der Pfarrer geraten. Da erklang die Stimme ihrer Tochter:

„Schlag mich mit den Ästen der Bäume"

„So ist's recht, Mutter! Schlag mich mit den Ästen der Bäume, deren Wurzeln mein dunkles Lager durchziehen. So soll das Leid, das ich dir angetan habe, gesühnt werden."

Zu Tränen gerührt umarmte die Mutter ihre Tochter, und gemeinsam sanken sie in das Grab hinab. Langsam rieselte die Erde auf sie hernieder und begrub Mutter und Tochter.

Im Tode hatten die beiden endlich wieder zueinandergefunden.

Von da an blühten auf ihrem Grabe die schönsten Blumen in der ganzen Umgebung, und die Menschen kamen von nah und fern, um diese anzuschauen.

 **Was dahintersteckt:**

Düsseldorfer Friedhöfe

Die Geschichte spielt, so hat es den Anschein, zu einer Zeit, als die Friedhöfe noch in der Nähe der Kirchen liegen, d. h. oftmals im Zentrum der Stadt oder eines Stadtteils. Mit der wachsenden Einwohnerzahl der Stadt Düsseldorf und der entsprechenden Nachfrage nach Platz für Wohnraum werden diese Friedhöfe häufig verlegt oder überbaut. Gleichzeitig verlangten die stetig steigende Einwohnerzahl und die zunehmende Enge innerhalb der Stadt neue hygienische Maßnahmen, den Bau von Friedhöfen außerhalb des bebauten Stadtgebietes. Der erste neue kommunale Friedhof, welcher nach einem entsprechenden Erlass des Kurfürsten Maximilian aus dem Jahr 1803 angelegt wird, ist der Golzheimer Friedhof. Dieser liegt außerhalb der Stadt und wird bis 1897 als Begräbnisstätte genutzt.

Der Teufel und St. Lambertus

Schon immer hatte der Teufel voller Hass auf die stolze Kirche St. Lambertus in der kleinen Stadt Düsseldorf geschaut. Diese war schön anzuschauen, mit dem hellen Kirchturm, der schon von Weitem vom Reichtum der Gemeinde kündete. Stolz ragte die Spitze in den Himmel – zu stolz, dachte sich der Teufel.

Als nun die Gottgläubigen in heftigen Streit gerieten, da hoffte der Leibhaftige, dass sie sich so entzweien mögen, dass sie das Gotteshaus aufgeben und er einen Ort der Sünde und des Lasters daraus machen könne. Freude erfüllte ihn, als er sah, dass aus dem Streit der Menschen ein Krieg hervorging, der dreißig Jahre dauerte. Aber wie enttäuscht war er, als er sah, dass die gutmütigen Christen wieder zueinanderfanden, Frieden schlossen und ihre Kirchen weiterhin besuchten.

So saß er da, grollend, in seinen großen Hallen, und sann Böses. Umso größer wurde sein Groll, als er sah, dass von nah und fern viele Menschen in die stattliche Kirche kamen, um dort zu den Gebeinen des heiligen Apollinaris zu beten und dem ehemaligen Bischof zu Ehren einmal im Jahr ein großes Fest zu feiern. Um dem ein Ende zu setzen, schmiedete er einen Plan. Er wollte

DEM RETTER
DIESER KIRCHE
SCHLOSSERMEISTER
JOSEF
WIMMER
ZUM
GEDENKEN
19 JAN. 1945.

"DÜSSELDORFER JONGES" EV.

Gedenktafel
an der
Nordseite des
Kirchturms

die Kirche bis auf ihre Mauern niederbrennen und so den kleinen Menschen zeigen, über welche Macht er verfügte.

So bestieg er eines Nachts die Kirchturmspitze, in seiner Hand eine brennende Pechfackel. Voller Verachtung schaute er auf die unter ihm liegende Stadt hinab, lachte lauthals und hielt die Flamme der Fackel an das Gebälk des Turmdaches. Sofort fing dieses Feuer und begann lichterloh zu brennen. Der Leibhaftige machte einen Freudensprung und flog vom Dach des Turmes hinab in die Niederungen der Hölle.

Die Kirchturmspitze jedoch brannte lichterloh, und der Plan des Teufels wäre sicherlich aufgegangen, wenn nicht zur nächtlichen Stunde der Schlossermeister Josef Wimmer auf dem Heimweg gewesen wäre. Der sah die Flammen im Gebälk des Turmes, eilte die Stufen hinauf, ergriff auf dem Weg nach oben einen schweren Hammer, den die Kirchbaumeister dort vergessen hatten, und zerschlug das Dachgebälk. Krachend fielen die brennenden Trümmer auf den Platz vor der Kirche – der Turm aber und mit ihm die Kirche waren gerettet.

Die Kirchturmspitze brannte lichterloh

Als dies der Teufel sah, wurde er sehr zornig, tobte und schrie, sann auf Rache.

Als nun die Menschen die Spitze des Turmes wieder errichtet hatten, band er in der Nacht ein festes Seil an der Spitze des Daches fest und versuchte mit all seiner Macht, die Kirche in den nahe gelegenen Rhein zu ziehen – doch vergeblich. Zu fest war diese im Boden verankert. Einzig die Spitze des Daches verbog sich.

Und so steht sie noch heute da, ein weithin sichtbares Zeichen für die Niederlage des Teufels.

St. Lambertus

Die Kirche St. Lambertus ist die erste Pfarrkirche der Stadt Düsseldorf. Bereits vor der Stadtgründung existierte an der Stelle der heutigen Basilika eine kleine romanische Kirche mit diesem Namen. Die Kirche gehört bis zur Gründung zum Besitz der Edelherren von Tyvern, die ursprünglich aus dem Maasland stammen. Dort, in Maastricht, war der heilige Lambertus einst Bischof gewesen. Ein Kanonikerstift wird rund um die Kirche gegründet, in der bis zu fünfzehn Kanoniker tätig sind. Schon bald bestehen Pläne, die Kirche zu vergrößern. Nach 1380 beschließt der Landesherr, Düsseldorf zu seiner ständigen Residenz zu machen. Die Pläne für den Kirchenneubau, die bereits seit 1288 bestehen, werden wieder aufgegriffen, und bis 1392 steht die neue Kirche. Wegen ihrer Neugründung werden 1392 die Reliquien des heiligen Apollinaris von Remagen nach Düsseldorf überführt. Durch weitere Schenkungen, Reliquienüberführungen und Altarstiftungen wird Düsseldorf zu einem der wichtigsten Wallfahrtsorte des Rheinlands. Im Jahr 1815 schlägt der Blitz in den Kirchturm ein, nur das beherzte Eingreifen Josef Wimmers verhindert, dass die gesamte Kirche niederbrennt. Die neue Spitze wird von dem Architekten Adolph von Vagedes entworfen. Doch wird bei deren Bau frisch geschlagenes und damit feuchtes Holz verwendet, und das Dach verdreht sich. So kommt es zu der bekannten, schiefen Kirchturmspitze. Während eines Bombardements im Zweiten Weltkrieg wird der Turm erneut beschädigt und auf Wunsch der Bevölkerung nach dem Krieg wieder verbogen aufgebaut.

> 1815 schlägt der Blitz in den Kirchturm ein

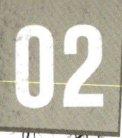

Der Zylinder des Schlossermeisters

Heute noch ist der Zylinder des Josef Wimmers in der Schatz-kammer der Kirche St. Lambertus zu sehen. Deutlich sind dabei die Schäden sichtbar, die das herabtropfende, flüssige Blei, das zum Zusammenfügen der Kirchturmzinnen verwendet wur-de, auf dem Zylinder hinterlassen hat. Dieses dringt auch durch Wimmers Kleidung, verätzt seine Haut und verursacht bleibende Schäden, die den Schlossermeister arbeitsunfähig machen. Die Kirche gewährt Wimmer aus diesem Grunde eine lebenslange Rente. Eine Gedenktafel an der Außenwand der Kirche erinnert seit 2015 an den „Retter dieser Kirche".

Grab Wimmers
auf dem alten
Bilker Friedhof

Die weiße Frau im Schlossturm

Es war einmal eine junge Frau. Ihr Name war Jakobe. Diese war verliebt in einen jungen Adeligen, doch wurde ihre Liebe jäh zerstört. Ihr Oheim, der sie an Eltern statt aufgezogen hatte, verfügte, dass sie einen Mann heiraten sollte, den sie nicht kannte und den sie auch nicht liebte. Dieser Mann war der junge Herzog Johann Wilhelm.

Er lebte in Düsseldorf und war der Thronfolger des Herzogs von Jülich-Kleve-Berg, Mark und Ravensberg, Wilhelm, der wegen seines Reichtums nur „der Reiche" genannt wurde.

Sein ältester Sohn war in Italien an den Blattern erkrankt und verstorben. Die Trauer des liebenden Vaters war groß, wusste er doch, dass nun sein jüngerer Sohn Johann Wilhelm seinen Thron erben würde. Nicht, dass er diesen Sohn nicht geliebt hätte; nein, er wusste nur, dass dieser Sohn geistesschwach war und somit niemals das große Land würde selbstständig regieren können. Auch eine Frau würde er allein nicht finden – und so machte sich der Vater auf die Suche nach einer Braut für seinen Sohn. Doch, o weh, keine junge und schöne Prinzessin fand sich, den armen, geisteskranken Prinzen zu heiraten.

Nicht, dass er diesen Sohn nicht geliebt hätte

03

Dies erfuhr Jakobes Onkel, und er beschloss, seine Nichte, deren Liebe zu dem nichtsnutzigen Adeligen ihm nicht gefiel, dem Herzog als Braut für seinen Sohn anzubieten.

Dieser war überglücklich, nun endlich doch eine Braut für seinen Sohn gefunden zu haben. Die Hochzeit der beiden unglücklichen jungen Leute fand bald darauf statt. Es war eine gar prunkvolle Hochzeit. Sie dauerte acht Tage, und Herrschaften aus allen Ländern und von allen Höfen Europas kamen nach Düsseldorf, um dem Paar ihren Segen zu geben. Feuerwerke, Reiterturniere, Bälle und Buffets ließen Jakobe vergessen, dass sie einen Mann geheiratet hatte, den sie eigentlich gar nicht wollte.

Nach dem Fest aber wurde sie immer einsamer und trauriger. Nächtelang weinte sie und betete, dass ihr Schicksal sich wenden möge – doch es geschah nichts. Da beschloss sie, ihr Schicksal in die eigene Hand zu nehmen. An der Seite ihres ungeliebten, geisteskranken Mannes gab sie von nun an Befehle, kommandierte die Minister der Herzogtümer und gab das Geld nach Belieben aus.

Ihre Schwägerin aber, Sybille, beäugte ihr Tun argwöhnisch. Sie selbst wollte Herzogin werden, anstelle ihres Bruders, und so suchte sie eine Gelegenheit, Jakobe zu beseitigen.

wurde eines Morgens tot aufgefunden – erdrosselt

Die junge Frau des Herzogs aber, auf der Suche nach Liebe und Freunden, lernte einen Kammerdiener kennen, der sie in der Nacht heimlich besuchte. Als Sybille davon erfuhr, ließ sie die ungeliebte Rivalin festnehmen, klagte sie wegen Ehebruchs an und ließ sie in den Kerker des Schlossturms zu Düsseldorf werfen.

Dort erlag Jakobe wenig später ihrem schaurigen Schicksal und wurde eines Morgens tot aufgefunden – erdrosselt. Vom Mörder fand sich keine Spur.

Doch selbst nach ihrem Tod fand die unglückliche junge Frau keine Ruhe. Noch heute spukt der Geist der Jakobe in den oberen

Gemächern des Schlossturms. Gekleidet ganz in Weiß soll „Die weiße Frau" erst dann Ruhe finden, wenn ihr Mörder gefasst wird.

Sybille aber, die böse Schwägerin, hatte nichts von all ihren Ränkeschmieden und Bösartigkeiten. Das Land ihres Bruders, der noch einmal heiratete und kinderlos verstarb, wurde nach dessen Tod geteilt und zwei anderen Fürsten übergeben – die fiese Sybille aber ging leer aus.

Was dahintersteckt:

Jakobe von Baden

Jakobe von Baden, die weiße Frau von Düsseldorf, wird am 16. Januar 1558 geboren. Ihr Vater ist Markgraf Philibert von Baden, ihre Mutter Mechtild von Bayern. Als Jakobe sieben Jahre alt ist, stirbt ihre Mutter, vier Jahre später fällt ihr Vater bei der Hugenottenschlacht von Moncontour. Daraufhin wächst Jakobe am Hof ihres Onkels, Herzog Albrecht von Bayern, in München auf. Obwohl ihr Vater konvertiert war, wird das junge Mädchen im katholischen Glauben erzogen. Sie verliebt sich in den Grafen Philipp vom Manderscheid-Blankenheim zu Gerolstein und wird auch von ihm geliebt, der sie folgendermaßen beschreibt:

„Euch goldgelben Haare, Euch diamanten Augen! Niemand sie malen kann so schön mit der Hand! Wie Rubine so fein sind ihre Lippen!"

Aber der junge Mann, der von allen nur Hans genannt wird, ist keine angemessene Partie für die Prinzessin. So kommt es, dass ihr Onkel die junge Frau an den Düsseldorfer Hof verheiratet. Als Jakobe davon erfährt, ist sie dermaßen betrübt, **dass sie sogar an Selbstmord denkt**, wie sie ihrem Geliebten in einem Brief mitteilt:

„So sollt Ihr wissen, so wahr mir Gott helff, wann Hertzog Ferdinand noch so viel anhaltet, daß ich Euch nicht will auffgeben, und sollt ich mein Leben darinn lassen, das glaubt mir, so fromm ich von Ehren bin, ich wollt mich eher williglich in den Tod geben. Ich bitt Euch, mein Schatz, Ihr wollt mir bald wieder schreiben, dann ich sonst kein Ruh hab. Euer mit dem Hertzen allzeit gedacht."

In Düsseldorf herrscht Herzog Wilhelm V., genannt der Reiche, über das Land Kleve-Jülich-Berg, Mark und Ravensberg. Dieser sucht eine Frau für seinen Sohn Johann Wilhelm. Der Zweitgeborene hätte eigentlich eine geistliche Laufbahn einschlagen sollen, doch als sein Bruder an den Blattern erkrankt und stirbt, wird er zum Nachfolger seines Vaters. Doch machen sich schon früh Anzeichen einer geistigen Verwirrung bei dem jungen Fürsten bemerkbar. Der Vater verachtet den Sohn und unternimmt nichts, ihn auf seine künftigen Aufgaben vorzubereiten.

Die Hochzeit findet am 16. Juni 1585 statt und dauert insgesamt acht Tage. Als Jakobes Schwiegervater 1592 stirbt, steht das Land vor dem Chaos. Johann Wilhelm, dessen geistige Verwirrtheit immer mehr offenbar wird, kann das Land nicht regieren. Er steigert sich in Wahnideen, leidet unter schweren Depressionen, Tobsuchtsanfällen und Verfolgungswahn und muss immer wieder zu seiner und der Sicherheit seiner Umgebung weggeschlossen werden. An seiner statt regieren die Räte, die bereits in den letzten Jahren unter der Herrschaft Wilhelms immer mächtiger geworden sind. Jakobe versucht Einfluss auf die Regierungsgeschäfte zu nehmen. Doch fällt ihr das schwer, von den Räten wird das weder gewollt noch gern gesehen. Dazu kommt, dass ihre Position bei Hofe schwach ist, da ihre Ehe bis dahin kinderlos ist und auch bleiben wird.

da ihre Ehe bis dahin kinderlos ist und auch bleiben wird

Wilhelm der Reiche
auf seinem Grab
in St. Lambertus

Trost findet sie unter anderem in den Armen des jungen Amt-
mannes Jakob von Ophoven und des Junkers von Hall. Als die
Schwester Johann Wilhelms, Sybille, davon erfährt, setzt sie alles daran, ihre Schwägerin des Ehebruchs zu überführen. Jakobe wird verhaftet und in einem Zimmer des Schlossturms eingesperrt. Ihr Mann selbst äußert den Wunsch, man möge seine
Frau „abschaffen".

Und tatsächlich, am Morgen des 3. Septembers 1597 findet
man die Fürstin tot in dem Zimmer, erdrosselt. Jakobes Umfeld
bemüht sich erfolgreich, die Todesumstände zu vertuschen. Alles, was auf den augenscheinlichen Mord hin-
weist, wird vernichtet, der Mörder nie gefasst.   erdrosselt

Es findet eine rasche Begräbniszeremonie in
der Kreuzherrenkirche statt, wo sie auch bestattet wird – ganz
entgegen der Tradition, die Angehörigen des Herrscherhauses in
der Kirche St. Lambertus zu beerdigen.

Jakobe auf Wanderschaft

Auch im alten Schloss zu Angermund, der sogenannten Kellnerei, soll Jakobe immer wieder zu sehen sein. Von Kopf bis Fuß in weiße Gewänder gehüllt, trägt sie im Mund einen funkensprühenden Schlüsselbund. Immer wenn sie erscheint, soll etwas Besonderes geschehen: Mächtige Männer sterben, Kinder werden geboren, die Besonderes leisten werden, oder aber dem Land Berg stehen schwere Zeiten bevor. Jakobe hatte als Herzogin das Schloss bei ihren Jagdausflügen nach Angermund aufgesucht und dort am St.-Georgs-Altar der Schlosskapelle gebetet. Auf ihr Betreiben hin wurde der Freiheit Angermund durch den Herzog das Privileg gewährt, Jahr- und Wochenmärkte abzuhalten.

> Von Kopf bis Fuß in weiße Gewänder gehüllt

Verfluchte Sybille

Aber vielleicht ist es gar nicht Jakobe, die Nacht für Nacht im Schlossturm ihr Unwesen treibt ...

Ihre Schwägerin Sybille heiratet – nach dem Tod Jakobes – im Alter von 44 Jahren 1601 ihren Cousin, den Markgrafen Karl von Burgau, und residiert mit ihm zusammen in Günzburg. Nachdem ihr Mann stirbt, unterhält die kinderlose Markgräfin einen feudalen Hofstaat und fördert großzügig lokale Musiker. Nach ihrem eigenen Tod im Jahr 1628 soll sie als Untote, von Gewissensbissen über die Ermordung ihrer Schwägerin gepeinigt, aus Verzweiflung vom Schloss aus in den Rhein gesprungen sein. Seitdem ist sie verdammt, in den Räumen des alten Schlosses zu spuken. Nicht Jakobe selbst, sondern sie soll es sein, die dort mit dem abgeschlagenen Haupt der Ermordeten unter dem Arme nächtlich umherwandelt – so berichten zumindest Gerhard Oswald und Wilhelm Kleeblatt.

Kellnerei
Angermund

Der Frosch von Pempel-fort

Zu der Zeit, als der Herzog Johann von Brabant mit seinem Verbündeten, dem Grafen Adolf von Berg, den Kölner Erzbischof Siegfried von Westerburg in der Schlacht von Worringen besiegt hatte, begab es sich, dass der Herzog von Berg seine Ritter im Levenhuis des Edelherrn von Tyvern zusammenrief, um über das Schicksal des Dorfes an der Düssel zu beraten.

Ihr Dorf sollte zur Stadt ernannt werden

Gar tapfer hatten die Bauern und Fischer der kleinen Siedlung aufseiten des Grafen gekämpft, und so wollte der Graf ihnen ein fürstliches Geschenk machen: Ihr Dorf sollte zur Stadt ernannt werden.

Es versammelten sich der Ritter Adolf von Flingern, die Herren von Eller, der Ritter Heinrich von Vorst, Jakob von Uphoven und Zobes von Heltorf, der Rechtsgelehrte Nörrenberg und Ritter Rupold von Pempelfort. Dieser Letztere, ein wohlbeleibter Mann, war bekannt für seine Vorliebe für guten Wein und fettes Essen.

So saßen die Herren zusammen, um über die Stadternennung des Dorfes Düssel zu beraten. Der Rechtsgelehrte Nörrenberg, der so hieß, da er aus der Stadt Nürnberg kam, und der des Lateinischen und Griechischen mächtig war, verfasste auf Geheiß des Herzogs eine Urkunde auf Lateinisch, in der das Dorf zur Stadt

erhoben wurde. Jeder der versammelten Ritter hatte aber Besitztümer auf dem Gebiet, das zur neuen Stadt gehören sollte. Und
jeder wollte eine Entschädigung, wenn er dem Plan des Grafen
zustimmen würde. So redeten sie laut und hektisch, sie schrien
und stritten fast einen ganzen Tag und aßen und tranken dabei
reichlich. Und als sie fast am Ende ihrer Verhandlungen ange-
langt waren, erklang ein lautes, sägendes Geräusch.

„Was zum Teufel ist das!?", rief der Graf von Flingern,
der missmutige Adolf.

„Was zum Teufel ist das?"

Alles wandte sich in die Richtung des Geräusches. Es war der
Ritter von Pempelfort, der wohl seiner Leidenschaft zu viel ge-
frönt hatte. Er saß auf seinem Stuhl, der Kopf war ihm in den
Nacken gefallen, der Mund stand weit offen, und schnarchte.

„Ja hol's doch der Teufel!", rief wiederum der missmutige Graf
von Flingern. „Los, du Trunkenbold! Werde endlich wach!"

Doch alles Rütteln und Schreien half nichts, Ritter Rupold
schlief laut lärmend weiter.

Da packte Adolf von Flingern den schnarchenden Rupold,
trug ihn mitsamt der Bank, auf der der Schnarchende saß, in den
Hof und warf ihn in den Brunnen. Rupold aber hatte noch seine
Rüstung an und ertrank jämmerlich.

Und noch heute soll Rupold als Unke Tag für Tag an der Düs-
selmündung zu hören sein, denn schnarchen tut er noch immer.

 Was dahintersteckt:

Die Schlacht von Worringen

Die Schlacht von Worringen findet am 5. Juni 1288 auf der Fühlinger Heide nahe des kleinen Örtchens Worringen statt. Sie ist das
blutige Finale eines sieben Jahre dauernden Erbstreits. Auslöser

des Streites ist der Tod Irmgards von Limburg. Sie war die einzige Tochter des letzten limburgischen Herrschers, Herzog Walram IV., und Ehefrau Reinalds von Geldern. Als Walram stirbt, fällt Irmgards Mann auch der Titel des Herzogs von Niederlothringen zu, was von König Rudolf I. bestätigt wird. Doch als auch Irmgard bereits ein Jahr nach dem Tod ihres Vaters kinderlos stirbt, kommt es zum Streit über die Erbfolge. Schon immer war es im Lehnsrecht strittig, ob im Fall, dass kein männlicher Erbe vorhanden sei, die Erbfolge über die weibliche Linie fortgesetzt wird oder über die nächsten männlichen Verwandten. Während die Erbfolge über die weibliche Linie natürlich Irmgards Witwer Reinald als Erben begünstigt, macht sich bei der männlichen Erbfolge unter allen möglichen Erbberechtigten Graf Adolf V. von Berg, der Neffe Walrams, die größten Hoffnungen. Daneben melden auch Heinrich von Luxemburg, sein Bruder Walram von Ligny, Walram von Valkenburg, Walram von Jülich (Probst des Aachener Marienstifts), dessen Brüder Otto von Heimbach und Gerhard von Kaster, außerdem dessen Vetter Walram von Jülich-Bergheim sowie Dietrich von Heinsberg und sein Bruder Johann von Heinsberg-Löwenberg Erbansprüche an. Adolf erkennt schnell, dass er nicht über ausreichende Mittel zur Durchsetzung seiner Erbansprüche verfügt, und verkauft sie im September 1283 an Herzog Johann von Brabant, der starke macht- und wirtschaftspolitische Interessen im Lande hat. Die limburgischen Vasallen Adolfs verweigern Johann aber den Huldigungseid, worauf dieser mit seinen Truppen im Herzogtum Limburg einfällt.

Reinald und Siegfried schließen ein Militärbündnis

Reinald wiederum muss nun ebenfalls nach einem Verbündeten suchen und findet diesen in der Person des Kölner Erzbischofs Siegfried von Westerburg, der weiß, dass der Zuwachs an Macht, die Johann von Brabant durch das Herzogtum Limburg erhält, seine eigene Machtposition gefährdet. So schließen Reinald und Siegfried ein Mi-

Stadterhebungs-
denkmal

litärbündnis. In den folgenden Jahren kommt es immer wieder zu kriegerischen Auseinandersetzungen. Verbündete auf beiden Seiten kommen und gehen. Besonders das Herzogtum Limburg muss unter den Auseinandersetzungen leiden.

Auch Graf Heinrich von Luxemburg schließt sich dem Bündnis Reinalds mit dem Kölner Erzbischof an und kauft Reinald für 40.000 Mark brabantischer Denare alle Ansprüche und Rechte auf das Herzogtum Geldern ab. In Brühl finden Ende Mai Verhandlungen zwischen Johann von Brabant, den Grafen Eberhard von der Mark, Adolf von Berg und Walram von Jülich statt. Außerdem nehmen Vertreter der Stadt Köln daran teil. Es wird ein Landfriedensbund vereinbart. Erstes Ziel der Verbündeten soll die Schleifung der erzbischöflichen Burg Worringen sein. Die Burg wird vom 29. Mai bis zum 5. Juni belagert. Zur gleichen Zeit kommt das Heer des Grafen von Luxemburg und Siegfried von Westerburg sowie ihrer Verbündeten von Neuss über Brauweiler nach Worringen.

Gegen elf Uhr vormittags des 5. Juni stehen sich die beiden Parteien auf der Fühlinger Heide gegenüber. Es kommt zur Schlacht, bei der sich das Schlachtenglück mehrfach wendet. Nach sechs Stunden ist das Gemetzel beendet. Die Seite des Brabanters Johann geht siegreich aus ihr hervor. Der Erzbischof Siegfried von Westerburg und Reinald von Geldern ergeben sich und werden gefangen genommen. Walram von Luxemburg-Ligny,

Nach sechs Stunden ist das Gemetzel beendet

Heinrich von Luxemburg, Heinrich von Houffalize, Bastardbruder Heinrichs, und dessen jüngerer Bruder sterben auf dem Schlachtfeld. Damit ist eine ganze Generation des Hauses Luxemburg ausgelöscht.

10.000 Kämpfer sollen an der Schlacht beteiligt gewesen sein. Davon für die brabantischen Streitkräfte ca. 2300 Ritter sowie 2500 Fußsoldaten, darunter auch die Bauern und Fischer des kleinen Dorfes an der Düssel. Aufseiten des Westerburgers sind es wohl 1400. Glaubt man den Quellen, finden 1100 Kämpfer den Tod auf dem Schlachtfeld, 700 sterben später an ihren Verletzungen.

Johann von Brabant, und mit ihm sein Verbündeter Adolf V., geht siegreich aus der Schlacht hervor. Die kurkölnischen Festungen Worringen, Zons und Neuenburg werden geschliffen. Adolf verleiht den Bewohnern des Dorfes an der Düssel die Stadtrechte. Damit setzt er der bisherigen nahezu unumstrittenen Macht des Erzbischofs am Niederrhein einen weiteren Kontrapunkt und schafft die Grundlagen der zukünftigen bergischen Residenzstadt.

Die Chronik

Die wichtigste Quelle zu den dramatischen Ereignissen ist die *Yeeste van den Slag van Woeronc* von Jan van Heelu. Heelu, möglicherweise sogar Augenzeuge der Schlacht, verfasst sie für Prinzessin Margaret von England. 1836 wird die Chronik unter dem Titel *Rymkronik van Jan van Heelu, betreffende de slag van Woeringen van het Jaer 1288* in Brüssel zum ersten Mal gedruckt.

Stadterhebungsurkunde und Stadtwappen

Die originale Stadterhebungsurkunde wird am Vorabend des Festes Mariä Himmelfahrt 1288 geschrieben und besiegelt und den Düsseldorfer Bürgern übergeben. Bis Mitte des 19. Jahrhunderts befindet sie sich in Räumen des Düsseldorfer Rathauses, bevor sie verschwindet.

Das Düsseldorfer Stadtwappen besteht heute aus dem Bergischen Löwen, mit seinem zweigeteilten Schwanz, und dem Anker, den der Löwe in seinen Vorderpfoten hält. Ursprünglich bestand das Wappen lediglich aus dem Anker, der die Lage des Ortes am Wasser symbolisierte. Erst als die Herzöge von Berg Ende des 14. Jahrhunderts ihre Residenz nach Düsseldorf verlegten, kam auch der Bergische Löwe hinzu. Jedoch gibt es eine Anekdote, nach der Graf Adolf V. gesagt haben soll.: „Gebt ihm einen Anker in die Klauen, damit er etwas zu tun hat und nicht aus Langeweile die Bürger mit Steuern plagt!"

> „Gebt ihm einen Anker in die Klauen!"

Das Mirakel von der Mühlenstraße

Einst kam ein frommer Pilger auf seinem Weg vom fernen Santiago de Compostela in seine rheinische Heimat nach Düsseldorf. Hier gedachte dieser bei einem Köbes einzukehren, zu speisen und ein Lager für die Nacht zu nehmen. Als er die Stadt erreichte, war die Nacht schon hereingebrochen. Die Straßen waren nur spärlich beleuchtet. Da hörte der Mann ein leises Wehklagen. Neugierig schaute er sich um, und siehe da, in einer verborgenen Straßenecke lag ein Mensch. Als der fromme Pilger sich ihm näherte, sah er, dass der Mann blutüberströmt war. Eilig trat er zu ihm, kniete bei ihm nieder und begann ihn zu verbinden.

„Oh, frommer Herr, habt Dank", sagte der Verletzte mit zitternder, leiser Stimme, „doch bitte, achtet meiner nicht. Zu tief sind meine Wunden, ich werde sterben. Ihr aber, eilt hinweg, denn die feigen Meuchelmörder sind ganz in der Nähe."

Der fromme Pilger aber schlug die Warnung in den Wind und fuhr fort, den Ver-

> „Zu tief sind meine Wunden, ich werde sterben"

letzten zu verbinden. Doch all sein Mühen war sinnlos. Langsam erlosch das Lebenslicht des Mannes.

Als der Verwundete den letzten Atemzug gemacht hatte, stürmten zwei Gestalten aus dem Dunkel, packten den Pilger so fest, dass ihm angst um sein Leben wurde, und schrien: „Zu Hilfe, ein Mörder! Seht her, blutüberströmt ist dieser Schurke. Er hat den guten Backes, unseren Oheim, ermordet!"

„Zu Hilfe, ein Mörder!"

Schnell kamen aus den umliegenden Häusern die Leute herbeigeeilt, und es dauerte nicht lange, da kamen Gendarmen und nahmen den armen Pilger gefangen.

Immer und immer wieder beteuerte dieser seine Unschuld, doch niemand wollte ihm glauben, war er doch fremd in der Stadt. Die beiden Zeugen jedoch waren angesehene Bürger, die wahrhaft um den toten Onkel zu trauern schienen.

So wurde der Pilger zum Tode verurteilt und ins Gefängnis gesteckt. Hier wartete er auf den Tag seiner Hinrichtung. Tag für Tag betete er zu dem Marienbild, welches sich vor seinem Kerkerfenster befand.

Am Tage seiner Hinrichtung nahm ihm der Priester die Beichte ab.

Als die Henkersknechte den Pilger holen wollten, sahen sie diesen vor dem Marienbilde knien, das plötzlich erstrahlte. Ein helles Leuchten umgab die Muttergottes, ein wundersamer, süßer Duft ging von dem Bild aus, und eine helle, übernatürliche Stimme erklang: „Gehe hin im Namen Jesu Christi! Wer wie du auf Gott vertraut, der ist seiner Hilfe sicher."

Daraufhin zersprangen die Ketten des zum Tode Verurteilten – die Umstehenden erschraken und staunten.

Nun, nach diesem göttlichen Zeichen, schenkte die Justiz dem braven Pilger Glauben und ließ ihn frei. Die falschen Zeugen jedoch wurden verhaftet und zum Tode verurteilt. Denn, so stellte sich unter der zu diesen Zeiten üblichen Folter heraus, sie waren es gewesen, die ihren eigenen Onkel ermordet hatten, um seines Vermögens habhaft zu werden.

 Was dahintersteckt:

Maria in der Not

Das Marienbild, zu welchem der Pilger damals betet, ist bekannt unter dem Namen „Maria in der Not" und befindet sich im alten Ratinger Tor, das bis zum Jahr 1811 gegenüber seinem heutigen Standort steht und Teil der Stadtmauer ist, die westlich der heutigen Heinrich-Heine-Allee lag. Lange Zeit dient der südliche Teil des Gebäudes als Stadtgefängnis. Schauen die Inhaftierten aus der vergitterten Fensternische, so erblicken sie das Bild der heiligen Jungfrau. Es zeigt Maria sitzend, das Zepter in der Rechten, im linken Arm das stehende Jesuskind haltend. Einer alten Sitte nach sollen in besonderen Nöten sieben Jungfrauen zu dem Bild ausgesendet werden, dort und vor sechs anderen Altären einen Fußfall machen und Kerzen opfern. Dann soll die Not gelindert werden.

Es zeigt Maria sitzend, das Zepter in der Rechten

Jakobspilger

Das religiöse Pilgern, um zu bitten oder zu danken, hat eine lange Tradition. In Deutschland pilgern fromme Menschen nach Trier, Aachen oder ins niederrheinische Kevelaer; andere machen sich auch auf nach Santiago de Compostela. Dazu nutzen die Pilger gut ausgebaute Handels- und Heerstraßen. Diese Routen der Jakobspilger, wie sie heute genannt werden, münden alle in ein Ziel, den Jakobsweg, den sogenannten nordspanischen „Camino

Zwei rheinische Jakobs

Francés", der von den Pyrenäen über Burgos und León nach Santiago de Compostela führt. Kost und Logis finden die Pilger in den zahlreichen Herbergen und Wirtshäusern entlang des Weges. Die Wirte dieser Herbergen werden der Einfachheit halber Jakob genannt. In den Herbergen des Rheinlandes wird daraus der Köbes, die rheinische Form des Namens. Und so werden auch heute noch in den Brauhäusern Düsseldorfs die blau gewandeten Kellner so genannt.

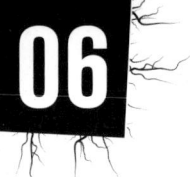

Das Recht wird zu Grabe getragen

Vor langer Zeit, als die Menschen noch glaubten, ihre Herrscher seien von Gott erwählt, begab es sich, dass in Düsseldorf des Herzogs Narr, Cagliomero, entlang des Rheines spazieren ging. Und wie er so am Fluss entlangschritt, vernahm er ein klagendes Stöhnen. Erstaunt schaute er sich um – und richtig, etwas abseits des Weges stand ein kleiner, magerer, aber ordentlich gekleideter Mann, den der Narr unschwer als Bauern erkannte.

„Ihr redet rätselhaft, Mann"

Dieser Mann konnte sich kaum auf den Beinen halten, denn in seinen Armen hielt er einen riesigen Berg Akten, die bedrohlich hin und her schwankten. Cagliomero sprang auf den Mann zu und hielt den Aktenberg fest. Vorsichtig konnte der Mann nun die Schriftstücke absetzen.

„Habt Dank, Herr, dass Ihr mir halft, doch weh, welchen Nutzen soll das noch haben?!", sprach der magere Bauer.

„Ihr redet rätselhaft, Mann. Sagt, wohin des Weges mit all dem Zeugs?", entgegnete der Narr.

„An den Bettelstab!"

Erstaunt sah Cagliomero den Alten an. „Ihr seht fleißig aus, nur Nichtsnutze und Faulenzer kommen von Rechts wegen an den Bettelstab."

Justizia

„Erzählt mir nichts von Recht, Herr. Ein Narr wie Ihr war ich, denn ich glaubte an die Macht des Rechtes. Aber …"; die Rede des Alten stockte, er sprach nicht weiter.

„Nun, Mann, sprecht weiter, was ist Euch geschehen?", drängte Cagliomero.

„Fleißig war ich, habe mein Leben lang hart gearbeitet. Reich haben mich mein Land und meine Arbeit gemacht. Zu reich. Mein Nachbar, der Edle von Stolzfuß, zeigte mich an, bezichtigte mich des Steuerbetruges und des Wuchers. Falsche Papiere und gedungene Zeugen, Geld für die Richter. Kurz, man hat mir so-eben alles genommen, für was ich mein Lebtag gearbeitet habe – alles!" Verzweifelt und den Tränen nahe saß der Bauer vor des Herzogs Narren und seufzte.

„Nun", sprach darauf Cagliomero, „Ihr macht mir fürwahr den Eindruck eines redlichen Mannes – ich glaube Euch, und ich werde Euch helfen, Euer Geld zurückzuerhalten. Folgt nur meinen Anweisungen, und alles wird sich richten."

So tat der Bauer, was der Narr ihm befahl. Vom Rest seines Vermögens veranlasste er die Glöckner der großen Kirchen, um Mittag des nächsten Tages die Glocken zu läuten.

Dies hörte am nächsten Tag auch der Herzog. Verwundert fragte er seinen Narren: „Was ist dies für ein trauriges Geläut? Sagt, Cagliomero, wer starb, dem solch ein Geläut zur Ehr?"

Der schlaue Narr erwiderte darauf: „Ich, Herzog, vom Trauergeläut dir künden kann. Wohl war es ein harter Todesfall, wohl trauern im Land die Gauen all, wohl luget ein jegliches Auge stier, dass hinsank deines Landes Zier. O weh! Weh dem armen Geschlecht, es sank auf die Bahre das gute Recht!"

Fragend schaute ihn der Herzog an: „Ist das wieder einer deiner schlechten Scherze?"

„Ist das wieder einer deiner schlechten Scherze?"

„Nein, mein Fürst, dort, wo hochwohlgeborene, gebildete Menschen die Wahrheit oft aus guten Gründen verschweigen, sprechen Narren diese unverblümt aus!" Und dann erzählte Cagliomero dem Herzog die Geschichte des Bauern.

Daraufhin ließ der Herzog, der noch nie von der Menschenkenntnis seines Narren enttäuscht worden war, den Bauern vorladen. Dessen Akten wurden überprüft, Zeugen und Richter vernommen, der edle von Stolzfuß befragt, und es stellte sich heraus, dass der Bauer wahr gesprochen hatte. Nichts war an den Anschuldigungen des Edlen daran gewesen, außer Neid und Missgunst.

Der Herzog ließ den Adeligen des Landes verweisen, die Richter einsperren – dem Bauern aber erstattete er all sein Land zurück. So ward das Recht, welches die Richter zu Grabe getragen hatten, von einem Narren aus Düsseldorf wiedererweckt.

Was dahintersteckt:

Eine neue Rechtsprechung

Möglicherweise fällt der Ursprung dieser Geschichte in die Regierungszeit Wilhelm IV., der 1555 eine Jülich-Bergische Rechtsordnung erlässt. Sie enthält u. a. die Bestimmung, dass Witwen, Waisen, Arme, Kranke, Einfältige und Unverständige das Recht haben sollen, beim Herzog oder dessen Amtsleuten Berufung einzulegen. Alsdann solle vor dem jeweiligen Gericht der Prozess so lange ruhen, bis die Sache durch den Fürsten oder dessen Amtsleute gehört worden wäre.

Berufung beim Herzog

Zuccamaglio

In Zuccamaglios Werk *Die Vorzeit Der Lander Cleve-Mark, Julich-Berg Und Westphalen* heißt die Geschichte *Der lustige Rath zu Düsseldorf*. Das Gedicht ist untertitelt mit *Geschichte aus der Mitte des 16. Jahrhunderts*.

> *Zu Düsseldorf vor der edlen Stadt*
> *stand Herzog Wilhelms edler Rath*
> *und schaut auf Busch und Gras und Strauch …*
> *Es kommt ein Bäuerlein hergegangen,*
> *das läßt den Kopf gar traurig hangen,*
> *das ächzet, stöhnet, seufzet auf,*
> *und lässt den Thränen freien Lauf.*

Und im Anschluss an die gesamte Geschichte in Reimform fügt der Autor an: „Zu des Herzogs Wilhelm IV. Zeit, der im Jahr 1539 zur Regierung kam, stand es mit der Gerechtigkeitspflege in uns'rer Heimat sehr schlimm […] Dem Mangel abzuhelfen, erließ er (1550–1554) eine neue Rechtsordnung und wurde so der bergische Justinianus."

Des Kurfürsten neue Kleider

An einem schönen Frühjahrstag des Jahres 1711 präsentierte der Bildhauer Gabriel de Grupello den Düsseldorfer Bürgern und seinem Herrn, dem Kurfürsten Jan Wellem, das Reiterstandbild des Fürsten.

Da stand es nun, groß und schwer, mitten auf dem Marktplatz, eingehüllt in grauen Stoff.

„Möge er sein Werk zeigen!"

„Möge er sein Werk zeigen!", befahl der stattliche Kurfürst, und so tat Grupello wie ihm geheißen. Mit einem Ruck zog er dem Standbild das Tuch herunter.

Gar prächtig war es anzusehen, das große, stattliche Pferd, mit seinen mächtigen Hufen, seinem langen Schweif und seinem muskulösen Nacken. Und auf ihm saß Jan Wellem, als herrsche er über die Welt und nicht nur über sein Fürstentum mit dem kleinen Düsseldorf als Hauptstadt. Die Kurkrone auf dem Kopf, die Insignien seiner Macht in der Hand, seine stattliche Statur hoch zu Pferde – ja, so sah ein mächtiger Fürst aus.

Jan
Wellem
vor dem Rathaus

Beifall kam auf im Kreis der Schaulustigen. Hier ein „Bravo!", dort ein „Exzellent!" und dann ein „Hoch, Grupello!", „Hoch, Jan Wellem!".

Zufrieden schauten der Bildhauer und sein Herr in die Runde.

Kaum aber hatte der Fürst sich abgewandt, begann der Künstler auch andere Stimmen zu hören.

„Seht Euch doch nur den Schweif des Tieres an, diese Größe – einfach lächerlich!"

„Wie kann dieser holländische Ketzer es wagen, unseren geliebten Herrn in solcher Leibesfülle darzustellen!?"

Verdutzt schaute Grupello sich in der Menge um. Überall schienen die Leute die Kritik aufzunehmen, überall fanden sie etwas, das ihnen nicht genehm war. Die Nase, die Lippen, der Kurhut, die Hufe des Pferdes, der Sockel – es wollte gar nicht aufhören.

Er drehte sich um und ging in seine Werkstatt. Lange saß er dort und überlegte, wie er sich dieser unliebsamen Kritik entledigen konnte.

Am nächsten Morgen stand wiederum eine große Menschenmenge auf dem Marktplatz, doch nicht das Standbild bewunderten sie; nein, statt des Standbildes stand nun eine hölzerne Mauer darum herum. An einer der Mauern hing ein Schild, auf dem stand: „Achtung, Achtung! Bekanntmachung! Mit Erlaubnis Ihrer durchlauchtigsten Hoheit, des allgeliebten Kurfürsten und Landesherrn

„Achtung, Achtung! Bekanntmachung!"

Johann Wilhelm Joseph Janaz von der Pfalz, geben wir, der Bildhauer Gabriele de Grupello, bekannt, dass die Statue den neuesten Erkenntnissen nach verbessert und verschönert wird.

Ein Hoch auf unseren Landesherrn, gez. Gabriel de Grupello, Hofbildhauer."

„So, so", hörte man da so manch einen tuscheln, „hat er es eingesehen, dieser Herr flämische Künstler mit seinem italienischen Namen."

Mehrere Tage hörte man ein Hämmern und Klopfen, ein Sägen und Stechen hinter den hohen Holzmauern – und dann kam der Tag der Wiederenthüllung.

„Na also, seht Ihr, Grupello!"

Als der Vorhang fiel, brach frenetischer Jubel aus. Alle Welt klatschte, und am lautesten klatschten die, welche zuvor am heftigsten gegen das Kunstwerk gesprochen hatten.

„Na also, seht Ihr, Grupello! Jetzt ist es doch endlich unseres Fürsten würdig. Sagt, hat es Euch viel Arbeit gemacht, das alles zu verändern?!", rief einer der notorischen Meckerer.

„Zeit? Weiß Gott, viel Zeit hat es gebraucht, damit Euch, Herr Querulant, mein Werk gefällt", sprach Grupello. „Arbeit? Um ehrlich zu sein, Herr: Arbeit hatte ich keine, denn nichts habe ich an meinem Werk verändert. Die Hammerschläge, die Ihr hörtet, galten nicht dem Metall, sondern dem Neid und der Missgunst, die auf meine Schöpfung herabfielen!"

 ## Was dahintersteckt:

Der kurfürstliche Bildhauer Gabriel de Grupello

Im Jahr 1695 holt Kurfürst Johann Wilhelm den flämischen Bildhauer Gabriel de Grupello an seinen Hof nach Düsseldorf und schenkt ihm ein Haus an der Ecke Marktplatz/Zollstraße, das zugleich als Wohnhaus sowie als Werkstatt dient. Zu dieser Zeit beschäftigt der Kurfürst ca. 180 Künstler, Kunsthandwerker, Handwerker und Diener, die er mit großzügigen Zuwendungen an den Hof bindet.

Der Gießerjunge

Über das Standbild Jan Wellems schreibt bereits 1711 Zacharias Conrad von Uffenbach in seinen *Merkwürdigen Reisen:* „Nach-

Gießerjunge auf
dem Rathausvorplatz

mittags besuchte ich erstlich das Gießhaus, darinnen dißmal an zweierley sehr stark gearbeitet wurde. Das erste waren viele und große Figuren [...]. Das andere und vornehmste aber war die Statue des Churfürsten zu Pferd. Sie ist von entsetzlicher Größe. Man hat sie schon zu Weynachten gegossen, sie ist aber verunglückt, indem das Pferd nur allein gerathen, der Leib des Churfürsten aber hat müssen von Bley daran gesetzt werden."

Dies könnte auf die Erzählung hinweisen, nach der der Lehrling Grupellos, Johann Peter Emmertz aus Balkenhausen bei Solingen, bekannt auch als „Der Gießerjunge", in der ganzen Stadt um Metall bat, damit die Statue des Fürsten vollendet werden könnte. Grupello hatte anscheinend zu wenig Material und kein Geld mehr, um die Statue fertigzustellen. Bei Heine hört sich das folgendermaßen an: „Als Knabe hört ich die Sage, der Künstler, der diese Statue gegossen, habe während des Gießens mit Schrecken bemerkt, daß sein Metall nicht dazu ausreicht, und da wären Bürger der Stadt herbeigelaufen und hätten ihm ihre silbernen Löffel gebracht, um den Guß zu vollenden."

Speck und Erbsen

Es begab sich, dass der viel geliebte Kurfürst Johann Wilhelm, den alle Welt nur Jan Wellem nannte, auf der Jagd war. Rasend ging die Jagd durch den Bensberger Königsforst auf den Fuchs vonstatten. Und ehe der hohe Herr sich's versah, war er vom Wege abgekommen und fand die Jagdgesellschaft nicht mehr. Es dunkelte, und der Wald wurde immer dichter, sodass der Fürst erkennen musste, dass er sich verirrt hatte.

Erst am späten Abend stieß er auf eine Lichtung, auf der eine kleine Bauernhütte stand. Hungrig und müde näherte sich Jan Wellem der Hütte und klopfte an.

Eine alte Frau öffnete die Türe und schaute den Fürsten fragend an. Da dieser nur einen Jagdrock trug, erkannte die Alte nicht die Person ihres Fürsten, und auch der Fürst gab sich nicht zu erkennen.

„ich bin müde, und mich hungert es"

„Seid gegrüßt, Frau. Ich bin auf der Jagd vom Wege abgekommen und verirrte mich im dichten Wald. Nun ist es schon spät, ich bin müde, und mich hungert es. Bitte, gebt mir etwas zu essen und ein Dach für die Nacht", sprach der Fürst zu der Frau.

Mit einem Lächeln bat sie den Unbekannten herein, zeigte ihm ein einfaches Lager aus Stroh und servierte ihm einen kräftigen

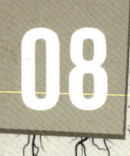

Eintopf aus Erbsen und Speck. Missmutig rümpfte der Herzog die Nase über das Essen, war er doch feinere Speisen gewohnt, doch hungrig machte er sich über den Eintopf her. Und siehe da – selten hatte ihm ein Essen so geschmeckt wie dieses.

war er doch feinere Speisen gewohnt

Als er am nächsten Tage in sein Schloss nach Düsseldorf zurückkehrte, da schmeckte ihm das dort servierte Essen öd und fade. Er schickte nach der Bäuerin aus dem Bensberger Forst, auf dass sie ihm den Eintopf bereite, den er bei ihr gegessen hatte.

Voller Freude aß er das Gericht, das die Alte ihm zubereitet hatte, doch auch dieses konnte ihn nicht zufriedenstellen. Da musste der Fürst erkennen, dass dem Essen eine der wichtigsten Zutaten fehlte – der Hunger.

Und noch heute heißt es in der Stadt Jan Wellems:

„Wer sich durch Arbeit nicht tut schrecken,
dem wird es wie Jan Wellem schmecken!"

 Was dahintersteckt:

Der Kurfürst zu Düsseldorf

Ob Jan Wellem tatsächlich Speck und Erbsen gegessen hat, ist nicht sicher. Belegt ist jedoch, dass er regelmäßig im Wirtshaus *En de Canon* der Familie Maurenbrecher eingekehrt ist, um dort ein Glas Rotwein gemischt mit Wasser aus der Jan-Wellem-Quelle zu trinken.

Am letzten Karnevalstag gibt es zu Zeiten des Fürsten außerdem ein großes Bauernfest, auf dem er und seine Gemahlin als Gastwirte ihre Gäste bedienen. An Gründonnerstag, dem Tag der Fußwaschung, nimmt das Ehepaar eine symbolische Fußwaschung an je zwölf armen Männern und Frauen vor und verteilt Sachgeschenke an sie sowie einen ledernen Beutel mit einem Taler.

EN DE

CANON

Das
Traditionslokal

Der Brauhaus-spuk

Vor gar nicht allzu langer Zeit war Düsseldorf eine Stadt, in der es mehr Orte gab, an denen Bier gebraut wurde, als es Ärzte in der Stadt gab.

Und es ereignete sich, dass ein Brauer einen Poltergeist bei sich zu beherbergen schien. Nacht für Nacht trieb dieser sein Unwesen im Keller des armen Brauers. Dieser war bald der Verzweiflung nah.

Kein Braugeselle traute sich mehr, für den armen Brauer zu arbeiten. Schlimmer noch, keiner seiner Stammgäste blieb ihm treu. Niemand wollte in einem Gasthaus verweilen, in dem es spukte.

Nun war guter Rat teuer. Der Brauer versprach demjenigen eine hohe Belohnung, dem es gelang, den Poltergeist zu vertreiben. Viele furchtlose Seelen kamen zu ihm, um sich die Belohnung zu verdienen – doch niemand hielt es auch nur länger als fünf Minuten nach Mitternacht im Braukeller aus.

Nun war guter Rat teuer

Eines Tages aber passierte es, dass ein abgerissener, schmutziger Soldat in die Stadt kam. Er hatte auch schon bessere Zeiten erlebt, hatte aufseiten Napoleons gekämpft, war mit ihm bis Moskau gelangt und dort zum Offizier ernannt worden. Nun, nach fast acht Jahren Krieg und Schlachtenlärm, kehrte er in seine Heimatstadt zurück.

Eingang zur
Hausbrauerei
Uerige

Doch was er hier vorfand, war nichts. Seine Eltern waren tot, sein Bruder in die neue Welt ausgewandert, und seine Schwester hatte nach Köln geheiratet. Im elterlichen Haus wohnte seit Jahren eine Familie aus Frankreich, Vertriebene aus der Umgebung von Paris.

So stand der Soldat nun dort, allein und mittellos – da las er die Bekanntmachung des Wirtes.

„100 Taler in Gold und ein Jahr Kost und Logis frei, demjenigen, dem es gelingt, meinen Braukeller von allem Übernatürlichen zu befreien. Gez. Wilhelm Gerstenmann, Brauer"

Sofort eilte der tapfere Soldat zur Gaststätte des Brauers und bewarb sich dort als Geisterjäger.

Des Nachts legte er sich im Braukeller auf die Lauer. Er hatte sich gut gerüstet. In seinem Waffenrock befanden sich Zündhölzer und ein kleiner, in Pech getränkter Lappen, der um einen kurzen Stab gewickelt war. Um seine Hüfte hingen ein langer Säbel und eine Pistole. In der Hand trug er einen dicken Prügel, der ihm schon in den Sümpfen vor Moskau gute Dienste geleistet hatte.

So ausgerüstet erwartete der tapfere Soldat den Poltergeist – und schlief ein.

Da, die große Rathausuhr schlug zwölf Mal. Es war Mitternacht. Und tatsächlich, kaum hatte es zur Geisterstunde geläutet,

„Lauter, meine Liebe, lauter!"

da begann ein höllischer Lärm. Ein Kreischen und Fauchen erfüllte den Keller, dass es dem tapferen Soldaten angst und bange wurde. „Nichts wie weg!", war sein erster Gedanke. Aber die Belohnung, die wäre dann dahin.

Also versteckte er sich hinter einem großen Holzfass und starrte in die Dunkelheit des Kellers – und dort sah er sie. Zwei Paar funkelnder, leuchtend roter Augen tanzten durch den Keller.

„Lauter, meine Liebe, lauter!", rief die eine der katzenhaften Gestalten. „Auf dass dem Brauer das Bier sauer werde!"

„Ja, welch ein Spaß. Bald ist der Keller unser, bald wird uns keiner mehr hier stören. Unsere Brüder und Schwestern können

dann endlich hier in Düsseldorf ein Zuhause finden!", gab eine andere Stimme zurück.

„Ja, und diese widerliche Kreatur von einem Brauer werden wir dann ein für alle Male los."

Der Soldat in seinem Versteck zitterte am ganzen Körper – was waren das für Kreaturen, was hatten sie vor? Er musste etwas tun. Er nahm seinen ganzen Mut zusammen, stürmte aus seinem Versteck, schlug mit seinem Prügel um sich, entzündete seine Fackel und drang auf die Katzenkreaturen ein. Er hörte etwas brechen und sah, wie eine der beiden Gestalten aus dem Raum eilte, ein Bein hinter sich her schleifend, lauthals jaulend. Die Fackel warf er nach der anderen Kreatur – ihr Ohr fing Feuer. Sich das angesengte Ohr mit den Vorderpfoten haltend, stürmte auch sie aus dem Keller. Nur noch Stille umgab den tapferen Soldaten. Der Spuk schien besiegt.

Am nächsten Morgen fand der Brauer den schlafenden Soldaten auf den unteren Stufen der Treppe. Bei einem ausgiebigen Frühstück berichtete der tapfere Mann ihm von den Geschehnissen der Nacht.

„Oha, welch eine Nacht!", rief der Brauer aus. „Ihr werdet von Dämonen in Katzengestalt attackiert, und meine Frau wird von Wegelagerern überfallen. Ihr wird das Bein zertrümmert und unserer Nachbarin das Ohr versengt."

„Oha, welch eine Nacht!"

Als der Soldat das vernahm, wurde er hellhörig. Kaum war der Brauer verschwunden, begab er sich in die Räume seiner Frau. Dort hockte sie auf einem Schemel. Das Bein bandagiert, das Gesicht mit blauen Flecken übersät. Voller Schrecken schaute sie dem alten Soldaten in die Augen.

„Erkennt ihr mich?", fragte dieser barsch. „Ja, ich bin es, der Leibhaftige, der Euch in dieser Nacht im Keller des Brauhauses vertrieb. Ich sage Euch, lasst ab von der Hexerei, ansonsten werde ich Euch bis ans Ende der Welt verfolgen, um Euch und Eurer Brut den Garaus zu machen."

Zitternd versprach sie ihm, der Hexerei abzuschwören.

Von diesem Tage an wurde nie wieder ein anderes Geräusch im Braukeller vernommen, außer dem Gestöhne der Brauknechte. Die Frau des Wirtes, deren Nachbarin und der Soldat aber verschwanden aus der Stadt und wurden nie wiedergesehen.

Was dahintersteckt:

Ein Oberkasseler in Diensten Napoleons

Es kann gut sein, dass der Soldat der Geschichte ein reales Vorbild hat. Im Jahr 1784 wird im linksrheinischen Oberkassel Wilhelm Anton Vossen geboren. Er wird 1804 für französische Kriegsdienste ausgehoben und macht in der Grande Armée Napoleons Karriere. Von 1806 bis 1807 nimmt er als Unteroffizier am Feldzug gegen Preußen teil und wird während des Kriegs gegen Österreich zum Feldwebel ernannt. Auch im Feldzug gegen Russland kämpft er an der Seite Napoleons in den Schlachten bei Mohilew, Smolensk und Borodino und wird vor Moskau vom Kaiser persönlich als einziger Deutscher zum Offizier ernannt. Beim Rückzug über die Beresina am 28. November 1813 wird er schwer verletzt und kommt nur knapp mit dem Leben davon. Als sein Regiment Ende 1813 im polnischen Thorn ankommt, leben von den 3500 Mann nur noch 250. 1814 nimmt Vossen seinen Abschied und tritt ein Jahr später in preußische Dienste. 1821 wird er entlassen, kehrt nach Düsseldorf zurück und übernimmt den väterlichen Hof in Oberkassel, wo er 1860 stirbt.

Er stirbt 1860 in Oberkassel

Der Totenfinger

In seinen Memoiren schreibt Heinrich Heine von der „Göchin", der Witwe des ehemaligen Scharfrichters zu Goch:

„Ihre besten Kunden waren Bierwirte, denen sie die Totenfin-
ger verkaufte, die sie noch aus der Verlassenschaft ihres Mannes zu besitzen vorgab. Das sind Finger eines gehenkten Die-
bes, und sie dienen dazu, das Bier im Fasse wohlschmeckend
zu machen und zu vermehren. Wenn man nämlich den Finger
eines Gehenkten, zumal eines unschuldig Gehenkten, an einem Bindfaden befestigt im Fasse hinabhängen läßt, so wird
das Bier dadurch nicht bloß wohlschmeckender, sondern man
kann aus besagtem Fasse doppelt, ja vierfach soviel zapfen wie
aus einem gewöhnlichen Fasse von gleicher Größe. Aufgeklärte
Bierwirte pflegen ein rationaleres Mittel anzuwenden, um das
Bier zu vermehren, aber es verliert dadurch an Stärke."

Inwieweit Düsseldorfer Wirte sich nun tatsächlich dieser Toten-
finger bedienten, ist heute nicht ganz klar. Verwesenden Körper-
teilen oder auch ganzen Körpern wird jedoch auch an anderer
Stelle eine geschmackgebende Bedeutung zugemessen. So soll
der leicht bittere Geschmack von Guinness ursprünglich der
Tatsache geschuldet sein, dass in den irischen Braukellern häufig
Ratten in die offenen Fässer fielen und in diesen verrotteten.

Kleine Biergeschichte

**Bier wird
seit über
4000 Jahren
gebraut und
genossen**

Dass es zu der Zeit, als die Geschichte spielt, in Düsseldorf mehr Brauereien als Ärzte gegeben hat, ist sehr
wahrscheinlich – braute doch fast jede Schankwirtschaft, in der Bier verkauft wurde, ihr eigenes Bier.

Bier wird seit über 4000 Jahren hergestellt und in verschiedens-
ter Form genossen. Vermutlich bei den Sumerern wurde zum ersten Mal ein bierähnliches Getränk konsumiert. Durch zu langes
Einweichen von hartem Brot in Wasser kommt es zur Gärung.
Der so entstehende Trank schmeckt. Das Lapir, so der sumeri-
sche Name, wird zum festen Bestandteil des täglichen Lebens. Im

09

sogenannten Gilgamesh-Epos ist die Rede davon, dass der Urmensch Enkidu von Gilgamesh eine Frau gesandt bekommt. Die backt ihm Brot und braut ihm Bier. Nach dem Genuss von fünf Krügen wäscht er sich und wird so erst zum Menschen.

Die Herstellung des Bieres gehört in frühester Zeit zu den Aufgaben der Frau. Bei den Babyloniern, die bis zu zwanzig Biersorten kennen, dürfen die Frauen, die das Bier herstellen, dieses nur gegen Gerste tauschen. Verkaufen sie es, werden sie in ihrem eigenen Bier ertränkt. Den Männern steht ein gewisses Maß an Bier pro Tag zu, dem Arbeiter zwei Liter, dem Beamten drei, einem Verwalter oder Oberpriester gar fünf Liter. Die Ägypter entwickeln ein eigenes Schriftzeichen für Bier. Zusammengesetzt mit dem Zeichen für Brot steht es für Mahlzeit.

Die Griechen erwähnen Bier lediglich als Heilmittel. In Rom gilt Bier als barbarisch, doch Cäsar erkennt schnell den Wert des Bieres als nahrhaftes Getränk und sorgt dafür, dass seine Legionen ausreichend mit Bier versorgt werden. Mit der Ausbreitung Roms breitet sich auch der Bierkonsum aus. Allerdings ist das Getränk, welches den lateinischen Namen *cervisia* von *ceres = Getreide* und *vis = Kraft* hat, nicht lange haltbar, trüb und ohne Schaum.

Bis ins 9. Jahrhundert bleibt das Bierbrauen Frauensache, aber ab 800 wird in immer mehr Klöstern Bier gebraut. Die Mönche entdecken, dass Bier sehr nahrhaft ist, und so wird es während

Erlass einer Biersteuer

des Fastens zum Grundnahrungsmittel, denn das Trinken von Flüssigkeit bricht das Fasten nicht. Auch in den Städten beginnt man Bier zu brauen. Die Fürsten sehen eine neue Einnahmequelle für ihre Kassen und erlassen eine Biersteuer. Da jedoch die Erträge von Klöstern steuerfrei sind, wird ihnen vielerorts die Brau- und Schankerlaubnis entzogen.

Der Geschmack wird dem Bier durch den sogenannten Grut gegeben, ein Gemisch aus Kräutern und Gewürzen, u. a. Wacholder, Schlehe, Eichenrinde, Wermut, Kümmel, Anis, Lorbeer, Schafgarbe, Stechapfel, Enzian, Rosen- und/oder Bilsenkraut.

Jeder Brauer hat sein eigenes Grutrezept, welches nicht immer ungefährlich ist. Oft gehören giftige Kräuter und Gewürze zu den Mischungen. Erst langsam setzt sich der Hopfen als Geschmacksträger durch.

Oft dienten giftige Kräuter als Geschmacksträger

Im Jahr 1516 erlässt Herzog Wilhelm V. von Bayern das Reinheitsgebot, das besagt, dass in Bier nur Wasser, Hopfen und Gerste gehören.

Die Existenz von Hefe und ihre Wirkung waren zur damaligen Zeit noch nicht bekannt. Der einzellige Mikroorganismus ist noch unentdeckt, doch überall vorhanden, ob in Braukesseln, an Braulöffeln oder in Wasserkannen. Er setzt den Gärprozess in Gang, macht aus Zucker Alkohol.

Heute weiß man, dass es zwei verschiedene Arten von Hefe gibt, obergärige und untergärige Hefe. Während die untergärige Hefe niedrige Temperaturen von 6° bis 9° braucht, um den Gärprozess auszulösen, wird dieser bei der obergärigen Hefe zwischen 15° und 20° in Gang gesetzt.

Im Jahr 1883 gelingt es im Auftrag der Brauerei Carlsberg zum ersten Mal, einzelne Hefezellen zu isolieren – von nun an kann sich der Brauer entscheiden, mit welcher Hefe er arbeiten möchte.

Das Altbier

Das obergärige Altbier wird vorzugsweise in Düsseldorf und Umgebung getrunken und auch gebraut. Der Name leitet sich von der Tatsache ab, dass es nach alter Brauweise hergestellt wird. Bis zur Erfindung der Kältemaschine war das Brauen mit untergäriger Hefe aufgrund der dazu erforderlichen niedrigen Temperaturen nur in kalter Umgebung möglich. Im klimatisch milden Rheinland jedoch wurde daher in „alter Zeit" hauptsächlich mit obergäriger Hefe gebraut. Bedingt durch einen höheren Anteil an dunklem Malz und durch die Härte des Wassers erhält das Altbier seine Bernsteinfarbe. Der leicht bittere Geschmack entsteht durch die starke Hopfung, die auch leicht antiseptisch wirkt. Vielleicht ist dies ein Grund, warum es früher weniger Ärzte als Brauereien in Düsseldorf gab.

Der rätselhafte Ritter

Einst, vor langer Zeit, als die Sitten noch rau und die Gesetze streng waren, begab es sich, dass der Herzog zu Düsseldorf ein rauschendes Fest gab, einen Maskenball. Und alles, was von Adel war, ward geladen.

Die Kerzenleuchter erstrahlten hell, die Tische bogen sich unter der Last der Speisen, der Wein floss in Strömen, die Musik spielte ohne Unterlass. Es wurde getanzt und gelacht. Es war Karneval. Ein jeder amüsierte sich, und ein jeder redete, wie ihm der Schnabel gewachsen war, denn niemand wusste, mit wem er sprach, alle verbargen ihr wahres Gesicht hinter den Masken.

Er schien fast über dem Boden zu schweben

Ein Mann jedoch zog die Blicke aller auf sich. Er trug das Kostüm eines schwarzen Ritters. Er war groß gewachsen, mit breiten Schultern, unter seinem Helm quoll langes blondes Haar hervor. Seine stattliche Statur überragte die der übrigen Ballgäste.

Das Bemerkenswerteste an ihm war jedoch die Art, wie er tanzte. Er schien fast über dem Boden zu schweben, mit meisterhafter Sicherheit und Leichtfüßigkeit führte er seine Damen über die Tanzfläche. Denjenigen von ihnen, die mit ihm getanzt hatten, erschienen alle anderen Tänzer wie Tollpatsche.

Ein jeder wollte nun wissen, wer sich hinter der Maske dieses kühnen und meisterhaften Tänzers verbarg. Der Ritter aber

schwieg und gab den übrigen Gästen keinen Hinweis auf seine Identität.

Als es nun an der Herzogin war, mit ihm zu tanzen, war auch sie so verzaubert, dass sie sich immer wieder fragte, wer er denn nun sei.

"Bitte, Herrin", flehte er, "lasst mir das Geheimnis meines Namens. Seid gewiss, mein Antlitz möchtet Ihr nicht schauen, denn es verbreitet Schrecken und Grauen!"

"denn es verbreitet Schrecken und Grauen!"

So sprach er, doch die Herzogin konnte sich nicht mit dieser Antwort begnügen. Hastig zog sie dem Ritter die Maske vom Gesicht – doch konnte sie nichts Grausiges dort entdecken. Ein edles und schön geschnittenes Gesicht schaute sie aus traurigen und verzweifelten Augen an. Auch die anderen Gäste wunderten sich: Was sollte das Grauenerregende an diesem rätselhaften Mann sein?

Da schrie eine der Wachen laut auf: "O weh, seht nur, der schwarze Ritter ist der Henker von Berg!"

Wie vom Blitz getroffen wich die Menge zurück. Der Henker! Der Todesbote! Hier mitten unter ihnen. Und er hatte mit ihnen getanzt. Hatte es gewagt, die Herzogin über die Tanzfläche zu führen – er, ein Mann niederer Herkunft, hatte es gewagt, im Kreis der Hochwohlgeborenen zu sein! Ein Frevel.

Doch was tun? Der Herzog stand vor einem Rätsel. Er musste den Mann zum Tode verurteilen – das erforderte das Gesetz. Doch

Das Heine-Denkmal am Schwanenspiegel

wer wollte dieses Urteil vollstrecken – der Henker konnte nicht der Henker des Henkers sein. Lange Zeit überlegte der Herzog. Dann sprach er: „Knie nieder, Gesell! Mit diesem Ritterschlag ernenne ich dich nun zum Ritter, auf dass du künftig auf keinem Ball mehr heimlich erscheinen musst. Und da du ein Schelm warst, dich solcherart zu verkleiden, sollst du heißen Ritter Schelme zu Bergen!"

„Knie nieder, Gesell!"

So sprach er, und so entstand das Geschlecht der Schelme zu Berge, die weithin bekannt waren.

 Was dahintersteckt:

Die Geschichte der Schelme zu Bergen

Die Geschichte gründet auf dem Gedicht *Der Schelm von Bergen* von Heinrich Heine. Der Dichter wiederum lässt sich von der damals bekannten Geschichte um das Geschlecht der Schelme zu Berge inspirieren, eines der ältesten Ministerialgeschlechter der Kaiserpfalz zu Frankfurt. Geadelt wird es der Sage nach von Kaiser Friedrich Barbarossa auf einem Maskenball in Frankfurt. Heine verlegt die Szene vom Maskenball im Frankfurter Römer zum Faschingsfest an den Düsseldorfer Hof.

> *Im Schloss zu Düsseldorf am Rhein*
> *wird Mummenschanz gehalten;*
> *da flimmern die Kerzen, da rauscht die Musik,*
> *da tanzen bunte Gestalten. [...]*
> *Es jubelt die Fastnachtsgeckenschar,*
> *wenn Jene vorüberwalzen.*

Das heißt: die Herzogin und ihr anonymer Tänzer.

Der Drickes und die Marizzebill
grüßen mit Schnarren und Schnalzen.

Statt eines einfachen Ministerialbeamten ist es bei Heine der Henker, der verbotenerweise mit der Herzogin tanzt und sein Gesicht hinter einer schwarzen Maske verbirgt.

Er trägt eine Maske aus schwarzen Samt,
daraus gar freudig blicket
ein Auge, wie ein blanker Dolch,
halb aus der Scheide gezücket.

Als die Scharade entdeckt wird, bleibt dem Herzog nichts anderes übrig, als den wagemutigen und kecken Henker, der sich über sämtliche gesellschaftlichen und rechtlichen Gebote hinweggesetzt hat, zum Ritter zu schlagen.

So ward der Henker ein Edelmann
und Ahnherr der Schelme zu Bergen.
Ein stolzes Geschlecht! Es blühte am Rhein.
Jetzt schläft es in steinernen Särgen.

Dass Heine einen Henker wählt, kommt nicht von ungefähr, war doch seine erste Liebe – das „Rote Sefchen" – die Tochter eines Scharfrichters.

Heines erste Liebe

von allen nur Zippel genannt

Als Heine noch ein kleiner Junge ist und auf den Namen Harry hört, hat er eine Kinderfrau, die Sibylle heißt, von allen aber nur Zippel genannt wird. Als Heine eines Tages sehr gelobt wird, bekommt sie es mit der Angst zu tun, denn sie erinnert sich an den alten Volksglauben, dass Kinder, die zu sehr

gelobt werden, erkranken oder ihnen andere, schlimme Sachen widerfahren. Um dies abzuwenden, spuckt sie dem Jungen drei Mal auf den Kopf. Das aber nicht genug, bringt sie den Jungen auch zu einer „heilkundigen" Frau.

„Jene Frau nannte man die Meisterin oder auch die Göchin, weil sie aus Goch gebürtig war, wo auch ihr verstorbener Gatte, der das verrufene Gewerbe eines Scharfrichters trieb, sein Domizil hatte und von nah und fern zu Amtsverrichtungen gerufen wurde."

Die Frau, die möglicherweise auch ein Bordell betreibt, hat eine Nichte, Sofia Edel, die in ihrem Hause lebt. Bei einem seiner Besuche bei der Göchin lernt Heine sie kennen und verliebt sich in sie. Nach eigenen Aussagen hat das „Rote Sefchen", wie Heine sie nennt, ihn stark beeinflusst.

Der Düsseldorfer Henker

Dass der Henker von Düsseldorf bei den Düsseldorfern nicht sehr beliebt ist, liegt auf der Hand. Kaufleute, bei denen er oder seine Familie einkaufen, versuchen das Blutgeld, mit welchem er bezahlt, schnellstmöglich wieder loszuwerden. Es ist dem Henker auch nicht gestattet, innerhalb der Stadtmauern zu wohnen. Er wohnt wohl in der sogenannten Hundsburg. Sie gehört zu dem kleinen Ort Hundsdorf, welcher erstmals im Jahr 1268 urkundlich erwähnt wird. 1663 zählt er gerade einmal 24 Einwohner über fünfzehn Jahre und wird schließlich im Steuererhebebuch des Jahres 1689 nicht mehr erwähnt. Das Dorf liegt auf Höhe der Redinghovenstraße im Bereich des Volksgartens und besteht aus zehn Höfen. Im 15. Jahrhundert ist ein Hermann zu Hundsdorf mehrere Jahre Bürgermeister in Düsseldorf. Die Hundsburg wird erstmals im Jahr 1632 erwähnt und gerät kurze Zeit später in den Besitz der Familie von Arenberg, die auf Schloss Mickeln residiert. Nach einem schweren Brand 1879 kauft die Stadt Düsseldorf die Ruine

> Es ist dem Henker auch nicht gestattet, innerhalb der Stadtmauern zu wohnen

Gedenkstein der
Hundsburg im Volksgarten,
nahe des Uhrenparks

und macht daraus ein Armenhaus und Unterkunft für Bedienste-
te des Gartenamtes. Abgerissen wird das Haus 1962. Heute zeugt
nur noch der Wappenstein im Volksgarten von dem ehemaligen
Dorf und seiner Burg.

Die Düsseldorfer Hinrichtungsstätten

Nicht nur das Haus des Henkers liegt außerhalb der Stadt, auch die
Hinrichtungsstätten befinden sich vor den Stadtmauern. Bereits
1371 erlaubt Graf Wilhelm I. der Stadt Düsseldorf die Aufstellung
eines Galgens. Dieser soll eine abschreckende Wirkung
haben. Die Hinrichtungsstätte ist zunächst ein Areal bei
Golzheim am Rhein. Wegen der Überschwemmungs-
gefahr wird sie gegen 1630 nach Pempelfort nahe des
heutigen Wehrhahns und des Schadowplatzes verlegt,
bevor die Todesurteile ab 1774 in Derendorf voll-
streckt werden. All diese Orte liegen außerhalb der damaligen
Stadtmauern. In Gerresheim befindet sich die Richtstätte auf dem
Gallberg, dessen Namen sich von Galgenberg ableitet.

Gallberg
leitet sich
von
Galgenberg
ab

Der viergeteilte Bischof

Es ist noch nicht allzu lange her, da lebte in Düsseldorf ein Mann, der den Einwohnern der kleinen Stadt ein Rätsel aufgab – er wurde „der Philadelphia" genannt.

Niemand wusste, woher er kam und was er machte. Er war eines schönen Tages einfach in der Stadt erschienen und lebte seitdem in einer kleinen Scheune im Hinterhof des Hauses Bolkerstraße 43, das allgemein unter dem Namen *Im schwarzen Pferd* bekannt war.

Er war ein harmloser, schrulliger Mann. Groß und hager, mit tief liegenden Augen. Sein Haar war lang und grau, ein üppiger weißer Bart zierte sein Gesicht.

Niemand kannte seinen Namen, alle Welt nannte ihn nur den Philadelphia, denn er soll eines Tages hoch auf dem Pferd Jan Wellems sitzend in die kalte Düsseldorfer Nacht gerufen haben: „Ich bin der Bischof von Philadelphia! Ich bin der Bischof von Philadelphia!"

Groß und hager, mit tief liegenden Augen

Geglaubt hat ihm das natürlich niemand, was aber blieb, war sein Name: der Philadelphia.

Er tat niemanden etwas zuleide. Arbeit hatte er keine, wovon er lebte, war rätselhaft. Hier und da lieh er sich ein paar Taler – nie

Gedenktafel am Spee'schen Palais, Bäckerstraße/Ecke Berger Allee

aber so viel, dass das Geld dem Besitzer ernsthaft fehlte, wenn der Sonderling das Geld nicht zurückgab.

Man fing an, seltsame Geschichten über den eigentlich harmlosen Mann zu erzählen.

Ein Zauberer solle er gewesen sein, in der ganzen Welt sei er herumgekommen. Im Hinterhaus der Bolkerstraße soll er wilde Bestien in junge Mädchen verwandelt haben, soll papierne Gestalten zum Leben erweckt haben.

Niemand wagte es, ihn darauf anzusprechen. Als ihn aber eines Tages ein Neugieriger auf seine Fähigkeiten als Zauberer ansprach, legte er diesem eine Wette nah. Er wollte am darauffolgenden Tage genau zur Mittagszeit durch alle vier Tore der Stadt zugleich auf einem Schimmel hinausreiten. Der Wetteinsatz der beiden blieb ein Geheimnis.

Rasch verbreitete sich die Nachricht der Wette, die der Mutige mit dem Philadelphia eingegangen war, in der Stadt. Mit Spannung erwartete man den nächsten Tag – und tatsächlich: Genau zur Mittagszeit wurde an allen vier Toren der Stadt beobachtet,

> **Ein Zauberer solle er gewesen sein**

wie die Gestalt des Philadelphias durch die Tore der Stadt ritt. Der Philadelphia hatte seine Wette gewonnen. Seinen Gewinn jedoch hat er niemals abgeholt, denn er wurde nicht mehr in der Stadt gesehen.

er wurde nicht mehr in der Stadt gesehen

Stattdessen, so wird berichtet, habe er am Tage vor seinem Verschwinden seine Schulden auf Heller und Pfennig zurückgezahlt – zur Freude seiner Schuldner. Als sie jedoch am nächsten Tage nach ihrem Geld schauten, da fanden sie in ihren Geldbörsen nur Kartoffelschalen vor. Der Philadelphia jedoch wurde niemals mehr gesehen.

 Was dahintersteckt:

Die Düsseldorfer Stadttore

In der Sage reitet der Philadelphia gleichzeitig aus vier Toren aus der Stadt. Doch egal, wann sich die Geschichte in Düsseldorf zugetragen haben soll – vier Pferde würden nicht reichen, um die Wette zu gewinnen. Sicher, im 1. Jahrhundert besitzt die Stadt lediglich zwei Tore: das Liebfrauentor, welches nach Osten führt, und das Lindentrappentor an der Fährstelle. Da jedoch Amerika noch nicht entdeckt und Philadelphia noch nicht gegründet ist, kann ein ehemaliger Bischof von Philadelphia nicht im 13. Jahrhundert auf einem Standbild eines Fürsten sitzen, das erst im 18. Jahrhundert errichtet wird. Da besitzt Düsseldorf insgesamt sechs Tore. Zum Rhein gelegen das Lindentrappentor, das Rhein- und das Zolltor. In östliche Richtung führt das Ratinger Tor auf den Weg in die Nachbarstadt. Wer nach Flingern will, muss das Flinger Tor passieren, und zu den Höfen Op dem Berge gelangt der Reisende durch das Berger Tor. Sechs Pferde also hätte der kauzige Bischof gebraucht, um gleichzeitig aus allen Toren hinauszureiten.

Düsseldorfs
modernes
Stadttor

Das junge Mädchen und der Sänger

Einst lebte in einem Haus auf der Ratinger Straße ein Wirt. Der hatte eine wunderschöne Tochter, die von vielen Männern begehrt wurde. So kam es, dass der besorgte Vater das junge Mädchen dem Düsseldorfer Stadtschreiber zur Frau versprach. Die Tochter war erzürnt.

„Was, Vater, soll ich anfangen mit einem Mann, der älter ist als du, dessen Rücken krumm, Nase feucht und Kopf kahl ist? Wieso strafst du mich mit diesem Eheversprechen? Ich liebe einen anderen, niemals werde ich mit diesem Manne glücklich werden!"

„Mein Kind, der Stadtschreiber ist ein gütiger Mann. Hoch angesehen, vermögend und rechtschaffen. Er wird dir ein guter Ehemann sein", antwortete der Vater.

> „Wieso strafst du mich mit diesem Eheversprechen?"

Das Mädchen aber eilte in sein Zimmer, warf sich auf sein Bett und weinte bitterlich. Es war unsterblich in einen jungen Sänger verliebt. Zur Maifeier hatte die Tochter ihn kennengelernt, als er wunderschön zur Gitarre gesungen hatte. Ihrem Vater hatte sie davon nicht zu erzählen gewagt, war der junge Mann doch arm und ohne jegliches Ansehen.

Zu ebendieser Zeit lebte in den Straßen der kleinen Stadt Düsseldorf auch ein Franzose. Ein hässlicher, buckliger Mann, der sein Geld mit Betteln verdiente. Dieser hatte eines Tages die junge Frau erblickt und sich in sie verliebt. Diese jedoch würdigte ihn keines Blickes, schlimmer noch: Immer, wenn sie ihn sah, wandte sie sich von ihm ab. Und so begann der Franzose, anstatt sie zu lieben, sie abgrundtief zu hassen.

Als der Vater nun einen Termin für die Hochzeit mit seiner Tochter und dem Stadtschreiber festgelegt hatte, wurde der jungen Frau ganz schwer ums Herz. Sie eilte zu ihrem geliebten Sänger und erzählte ihm davon. Sie fielen einander in die Arme und begannen bitterlich zu weinen.

Nach einer Weile fassten die unglücklich Verliebten einen Plan. Am darauffolgenden Tag wollten sie mit der Kutsche in aller Heimlichkeit fliehen. Erleichtert, nun einen Weg gefunden zu haben, mit ihrem Geliebten vereint zu sein, gleichzeitig aber auch betrübt, ihren Vater derart hintergehen zu müssen, ging das Mädchen nach Hause.

Keiner der beiden Liebenden hatte bemerkt, dass sie heimlich belauscht worden waren. Der Franzose war der Tochter vom Hause aus bis zu ihrem geheimen Treffen gefolgt und hatte den Plan der beiden belauscht. Nun sah er seine Chance gekommen, sich für die Nichtbeachtung der jungen Frau zu rächen: Er erzählte ihrem Vater von dem Fluchtplan.

Der geriet dermaßen in Wut, dass er seine Tochter züchtigte und sie daraufhin in ihrem Zimmer einsperrte. Voller Verzweiflung, nicht mehr ein noch aus wissend, erhängte sie sich daraufhin am Pfosten ihres Bettes. Als am Morgen der junge Sänger zu ihrem Haus kam und heimlich in ihr Zimmer schlich, fand er seine Geliebte tot am Pfosten hängend. Voller Verzweiflung stürzte er sich aus dem Fenster des Zimmers in den Hof hinab.

fand er seine Geliebte tot am Pfosten hängend

Der Vater des Mädchens aber, als er sah, was geschehen war, raufte sich die Haare und rief: „O weh, was habe ich nur angerichtet! Meine Tochter, mein einziges Kind, habe ich in den Tod getrieben. Verflucht sei das Haus, in dem solch Unglück geschah!"

> „O weh, was habe ich nur angerichtet!"

In der darauffolgenden Nacht war der Wirt fort und wurde niemals mehr gesehen.

Das Haus aber blieb leer. Niemand traute sich mehr dort hinein, denn die Geister der Liebenden sollten dort ihr Unwesen treiben: Nacht für Nacht hörte man dort Fenster klirren, konnte man Türenklopfen und andere unheimliche Geräusche vernehmen.

Eines Morgens fing das Haus Feuer und brannte nieder.

 Was dahintersteckt:

De sibbe Brelle

Das Haus in der Ratinger Straße 3 ist noch im 17. und 18. Jahrhundert unter dem Namen *Zur blauen Hand* bekannt und gehört einer adeligen Offiziersfamilie. Erst nach 1813 wird auf dem Grundstück, welches sich bis zur Ritterstraße erstreckt, eine Gastwirtschaft eingerichtet. Neben der guten Küche ist der Wirt in jeglicher Hinsicht um das Wohl seiner Gäste besorgt. So befindet sich in der Gasse zwischen den beiden Straßen eine Örtlichkeit mit siebenfacher Sitzgelegenheit. Aus diesem Grunde erhält die Gastwirtschaft im Volksmund den Beinamen *En de sibbe Brelle*, also *In den sieben Brillen.*

Rutsch-Anne und der langnasige Jäger

Die Frau des Kurfürsten Jan Wellem, Anna Maria Luisa de' Medici, liebte ihren Mann, die Kunst, die Musik und die Jagd. Und wie alles, was sie liebte, betrieb sie auch die Jagd mit Feuer und Eifer. Sie hetzte ihre Hunde und Pferde schonungslos hinter dem Wild her, nicht achtend auf Äcker und Vieh. Sie hinterließ zerstörte Äcker und totes Vieh, sie rutschte über das Land wie ein Wirbelwind. So erhielt sie vom einfachen Volk den Namen „Rutsch-Anne", nicht allzu beliebt war sie bei den Untertanen ihres Gatten. Als der Fürst davon hörte, schwieg er zunächst und unternahm nichts.

Als eines Tages das Fürstenpaar in seiner Kutsche über Land fuhr, säumten viele Bauern den Rand des Weges, aber niemand wollte dem Paar zujubeln. Alle starrten beschämt zu Boden. Die Ernte war schlecht, die Bauern hungerten, und hier und da bettelten sie den Fürsten an.

„Was bettelt ihr um Geld? Wenn ihr Hunger habt, so könnt ihr doch Brot und Käse essen, dann wird euer Hunger schon vergehen!", rief ihnen die Fürstin zu. Erschrocken über die Worte seiner Gemahlin schmiedete Jan Wellem einen Plan.

Als er sich wieder mit seiner Frau auf der Jagd befand, ließ er sich mit ihr immer weiter von der Jagdgesellschaft zurückfallen, bis sie ihre Begleiter scheinbar endgültig verloren hatten. Nach einiger Zeit begann die vornehme Fürstin über Hunger und Durst zu klagen. Da schaute sie ihr Mann an.

„Du hast Hunger und Durst, dann mach es doch, wie du es dem Volk geraten hast: Iss Semmeln und Käse, dann wird dir der Hunger schon vergehen."

Beschämt wandte sich die Fürstin ab. Der Fürst jedoch glaubte, sie habe die Lektion gelernt, und führte sie zurück zu der Jagdgesellschaft.

Im Schloss angekommen, beschloss Jan Wellem nun, sich des Öfteren unter das Volk zu mischen, um dessen Meinung zu erforschen. So ging er eines Tages, verkleidet als langnasiger Jäger, in die Stadt, um sich umzuhören.

Da traf er einen Bauern und kam mit diesem ins Gespräch. Der Bauer lobte den Fürsten über alle Maßen, und jedes Mal, wenn der verkleidete Jan Wellem etwas Schlechtes über den Fürsten sagte, fuhr ihm der Bauer dazwischen, widersprach und lobte den Fürsten aufs Äußerste.

Gar groß war ihre Empörung

„Einzig", führte er zu guter Letzt an, „einzig seine Frau, die Rutsch-Anne, verhindert, dass der Fürst noch beliebter beim Volke ist."

„Rutsch-Anne? Sprich, Freund, was hat es mit dem Namen für unsere Herrin auf sich?", spielte Jan Wellem als verkleideter Jäger sein Erstaunen vor – und der Bauer erzählte ihm die Geschichte, wie sich die Gemahlin des Kurfürsten so unbeliebt gemacht hatte.

Im Schloss zurück, berichtete Jan Wellem am nächsten Tag seiner Frau von seiner Begegnung. Gar groß war ihre Empörung, als der Fürst ihr von ihrem Spitznamen erzählte. Auf der Stelle solle der Bauer in das Schloss gebracht werden, verlangte sie von ihrem Manne.

Gedenktafel für
Anna Maria Luisa
de' Medici am Eingang
des Rosengartens

Als dieser eintraf, erkannte er im Fürsten nicht den langnasigen Jäger vom Vortage. Ängstlich erzählte er seinem Herrn vom Spitznamen der Fürstin und wie dieser zustande gekommen war.

„Und Herr", fügte er zum Schluss hinzu, „bevor Ihr mich nun gehen lasst, seid gewarnt. In der Stadt schleicht ein finsterer, langnasiger Jägersmann umher, der das Volk über Euch ausfragt und es versucht, gegen Euch einzunehmen. Ich sah ihn gestern, und mir lief es bei seinem Anblick kalt über den Rücken."

Hatte der Bauer nun Furcht oder gar Zorn bei dem Fürsten erwartet, so wunderte er sich, als dieser in lautes Gelächter ausbrach.

„Keine Bange, mein Lieber, mit diesem Vogel werde ich schon fertig. Du aber gehe heim und mache dir keine Sorgen mehr. Von nun an sollst du nie wieder Hunger leiden."

So sprach der Kurfürst und beschenkte den Bauern reich mit Gold.

„mir lief es kalt über den Rücken"

Anna Maria jedoch hatte aus den zwei Geschehnissen gelernt, und nie mehr wieder wurde die Rutsch-Anne im Lande des Fürsten gesehen.

13

Anna Maria Luisa de' Medici

Anna Maria Luisa de' Medici ist die Tochter von Cosimo III. von Florenz und Margarete Luise von Orléans, der Cousine Ludwigs XIV. Die Ehe dieser beiden sehr unterschiedlichen Menschen gerät zum Martyrium. Bereits 1663 hat Margarete Luise einen Sohn zur Welt gebracht, nun versucht sie alles, um eine erneute Schwangerschaft zu verhindern. Als sie dennoch wieder schwanger wird, lässt sie nichts unversucht, das Kind nicht zu bekommen. Sie unternimmt Gewaltritte, schnürt sich die Taille so eng wie möglich und verweigert die Nahrungsaufnahme.

Allen Widerständen zum Trotz erblickt am 11. August 1667 Anna Maria Luisa das Licht der Welt. Nach der Geburt eines weiteren Sohnes im Jahr 1671 trennt sich Margarete Luise von ihrem Mann und tritt 1675 in ein Kloster ein – was sie jedoch nicht davon abhält, einen skandalösen Lebenswandel zu führen. Ihr Cousin Ludwig XIV. verbannt sie von seinem Hof.

Anna Maria Luisa verbringt keine glückliche Kindheit. Sie entwickelt schon früh eine Begabung für Sprachen; das Deutsche jedoch wird sie nie ganz beherrschen.

Sie wächst zu einer Schönheit heran

Sie wächst zu einer Schönheit heran, groß gewachsen, tiefschwarze Haare, braun-schwarze Augen, eine hohe, ebenmäßige Stirn.

Johann Wilhelm heiratet sie am 29. April 1691 im Dom von Florenz. Doch ist der Bräutigam nicht anwesend, er wird durch Annas Bruder Ferdinando de' Medici vertreten.

Zur herbstlichen Jagd zieht es die Fürstin nach Schloss Bensberg. Sie schwärmt vom Blick auf die hügelige Landschaft, die sie an die Toskana erinnert. Seiner Frau zuliebe lässt Johann Wilhelm dort unter Leitung des venezianischen Baumeisters Matteo

Anna Maria in der
Eingangshalle der
Kunstakademie

Anna Maria in der
Eingangshalle der
Kunstakademie

d'Alberti ein neues Jagdschloss im Barockstil erbauen. 1711 ist es fertiggestellt, seine Mittelachse ist direkt auf den Kölner Dom ausgerichtet.

Nach dem Tod ihres Gemahls zieht Anna Maria Luisa zurück in ihre Heimat.

Dort stirbt sie am 18. Februar 1743 eines natürlichen Todes, möglicherweise an den Spätfolgen einer Syphilis oder an Brustkrebs. Ihren Mann muss sie sehr geliebt haben, denn sie nimmt seine Kurkrone mit in ihr Grab. Der „Kurhut", wie man die pfälzische Kurfürstenkrone nennt, ist lange Zeit nur von Gemälden bekannt, das Original gilt als verschollen, ehe es bei der Öffnung ihres Grabes im Oktober 2012 gefunden wird. Es war offensichtlich der letzte Wille der Anna Maria, als pfälzische Kurfürstin beerdigt zu werden.

Nach dem Vorbild der Krone im Grab Anna Marias haben ein Düsseldorfer Juwelier und das Atelier für Textilrestaurierung der Reiss-Engelhorn-Museen ein Replikat der Krone aus vergoldetem Kupfer, rotem Samt und Hermelin hergestellt.

Mord ohne Sühne – das Verbrechen an Hilarius Gilges

Hilarius Gilges ist beliebt in Düsseldorf. Als die Nationalsozialisten im Januar 1933 die Macht übernehmen, kennt fast jeder in Düsseldorf den jungen Mann, der seinen Lebensunterhalt mehr schlecht als recht durch den Verkauf von Tabakwaren zu bestreiten versucht.

Er ist besonders bei den Kindern beliebt, hat er doch immer Zeit, sie mit allerlei Kunststücken und Zaubertricks zu erfreuen.

er ist besonders bei den Kindern beliebt

Doch seine Beliebtheit bewahrt ihn nicht vor seinem grausamen Schicksal, seine Bekanntheit befördert es zudem – denn Gilges ist farbig.

Geboren wird er am 28. April 1909 als Hilarius Stüttgen. Er ist einer der wenigen farbigen Deutschen, die vor dem Ersten Weltkrieg in Deutschland geboren werden. Über die

Zum Gedenken an

HILARIUS GILGES

(1909–1933)

An dieser Stelle am Rheinufer wurde am Morgen des 21. Juni 1933 der Leichnam des Düsseldorfers Hilarius Gilges gefunden.

Hilarius Gilges wurde am 28. April 1909 als Sohn einer Düsseldorfer Arbeiterin und eines Afrikaners geboren. Seit Mitte der 1920er Jahre war der junge „Lari", der in der ganzen Altstadt bekannt war, Mitglied des Kommunistischen Jugendverbandes und der Kommunistischen Partei (KPD). Ebenfalls wirkte er als Laienschauspieler in einer Gruppe mit, die auf Versammlungen oder Kundgebungen Spielszenen aufführte. Diese Agitationsgruppe „Nordwest ran" stand unter der Leitung des Düsseldorfer Regisseurs Wolfgang Langhoff.

Aufgrund seiner Hautfarbe und seines politischen Engagements war er den Düsseldorfer Nationalsozialisten besonders verhasst. Seit deren Machtübernahme lebte Gilges zusammen mit seiner Frau und zwei kleinen Kindern in einer Situation permanenter Gefahr. Am Abend des 20. Juni zerrten ihn SA- und SS-Angehörige aus seiner Wohnung an der Ritterstraße zum Rheinufer, wo sie ihn folterten und schließlich töteten. Die Täter wurden nie belangt – auch nicht nach 1945. Hilarius Gilges gehört zu den ersten Mordopfern des Nationalsozialismus in Düsseldorf.

Im Jahre 1988 wurde am Ausgang der Tonhallenpassage ein Halbrelief der Künstlerin Hannelore Köhler angebracht. Im Dezember 2003 wurde vor der Düsseldorfer Kunstakademie der Hilarius-Gilges-Platz eingeweiht.

Mit dieser 2015 aufgestellten Stele erinnern die Bürgerinnen und Bürger des Stadtbezirks 1 an die Ermordung des Hilarius Gilges.

Gedenkstele an der
Oberkasseler Brücke

Mord ohne Sühne – das Verbrechen an Hilarius Gilges 73

Herkunft seines Vaters ist wenig bekannt, vermutlich ein farbiger Rheinschiffer, der auf einem der Schleppdampfer des Stinnes-Konzerns arbeitet und den Gilges' Mutter, die Düsseldorfer Textilarbeiterin Maria Stüttgen, im Spätsommer 1908 kennenlernt. Zunächst wächst der Junge ohne Vater auf, doch 1915 heiratet seine Mutter Franz Peter Gilges, dessen Familiennamen auch der sechsjährige Hilarius von da an trägt. Er wächst in der Düsseldorfer Altstadt auf, wird geprägt vom Arbeitermilieu, in dem sich sein Adoptivvater, der sein Geld als Erdarbeiter verdient, bewegt. Bereits mit sechzehn Jahren tritt er dem Kommunistischen Jugendverband Deutschlands (KJVD) bei, nicht zuletzt da die KPD frei von rassistischen Sentiments ist. Werner Eggerath, der zusammen mit Gilges in der kommunistischen Agitprop-Theatergruppe *Nordwest Ran* von Wolfgang Langhoff agiert, schreibt über ihn: „Es gab nämlich in der ganzen Altstadt niemanden, der so gut Rad schlagen konnte wie der schwarze ‚Lari‘, niemanden, der über solche Bärenkräfte verfügte, aber schon gar niemanden, der den Kindern so spannend ganz moderne Räubergeschichten erzählen konnte."

Niemand hatte solche Bärenkräfte

Die Theatergruppe tritt in Wirtshaussälen, Betriebskantinen und unter freiem Himmel auf, spielt politisches Theater und ist weit über die Grenzen Düsseldorfs hinaus bekannt.

Wie in ganz Deutschland kommt es auch in Düsseldorf immer wieder zu Streit und Straßenschlachten zwischen den Kampfverbänden der rechten und linken Parteien. In solch eine Straßenschlacht wird Gilges 1931 verwickelt und verletzt dabei ein Stahlhelm-Mitglied tödlich. Er wird verhaftet und wegen unerlaubten Waffenbesitzes und Körperverletzung zu einem Jahr Haft verurteilt. Nach seiner Entlassung betätigt sich Gilges sofort wieder als Agitator, bis er nach der Machtübernahme der Nationalsozialisten untertauchen muss. Bekanntheitsgrad und Hautfarbe machen es ihm jedoch schwer, sich lange Zeit unerkannt zu verstecken.

In der Nacht des 20. Juni 1933 wird er aus seiner Wohnung in der Ritterstraße 36 verschleppt und am nächsten Morgen tot am Rheinufer in Höhe der Oberkasseler Brücke gefunden. Seine Leiche weist Schlag- und Stichwunden auf, seine Arme sind ausgekugelt, Schusswunden sind vorhanden und seine Lungen mit Sand gefüllt: Der junge Agitator wurde nicht einfach nur erschossen, man hatte ihn bis zum Eintreten des Todes auf grausame Weise gequält. Gilges ist das erste Opfer des nationalsozialistischen Rassenwahns in Düsseldorf. Seine Mörder, vermutlich Mitglieder der SA und der SS, werden nie verhaftet und auch nach 1945 nicht zur Verantwortung gezogen. Gilges hinterlässt Frau und zwei Kinder.

> man hatte ihn bis zum Eintreten des Todes grausam gequält

 Was dahintersteckt:

Wolfgang Langhoff

Kopf der Agitprop-Theatergruppe, in der auch Hilarius Gilges agiert, ist der Schauspieler und Regisseur Wolfgang Langhoff. Der am 6. Oktober 1901 in Berlin geborene Schauspieler kommt 1928 an das Düsseldorfer Schauspielhaus unter der Leitung von Luise Dumont und Gustav Lindemann. Er tritt im selben Jahr der KPD bei und gründet 1930 die Agitprop-Theatergruppe *Nordwest Ran*. Kurz nach der nationalsozialistischen Machtübernahme wird er am 28. März 1933 verhaftet und zunächst im Keller des ehemaligen Polizeigefängnisses auf der Mühlenstraße von Mitgliedern der SA misshandelt. Dann wird er in das Gefängnis Ulmer Höh gesteckt und im Juli 1933 in das KZ Börgermoor im Emsland verlegt. Dort überarbeitet er das Manuskript des Liedes *Die Moorsoldaten* von Johann Esser, das später zu einem der bekanntesten Widerstandslieder gegen das NS-Regime wird.

Nach seiner Haftentlassung 1934 während der sogenannten Osteramnesie flieht er in die Schweiz, wo 1935 sein Buch *Die Moorsoldaten, 13 Monate KZ* erscheint. Er erhält ein Engagement am Züricher Schauspielhaus und gibt ab 1943 im Auftrag der KPD die illegale Zeitschrift *Freies Deutschland* heraus.

Nach der Befreiung Düsseldorfs ist Langhoff bis 1946 der erste Nachkriegsintendant des Düsseldorfer Schauspielhauses und übernimmt danach das Deutsche Theater in Ostberlin. 1963 überwirft sich Langhoff mit der Kulturkommission der SED und tritt als Intendant zurück, bleibt dem Theater aber bis an sein Lebensende treu. Langhoff stirbt am 25. August 1966 an einem Krebsleiden.

Späte Sühne

Die Witwe von Hilarius Gilges, Katharina Hubertine, und ihre gemeinsamen Kinder Franziska Auguste und Heinz überleben den Krieg nur, weil Nachbarn sie immer wieder vor dem Zugriff der Polizei verstecken. Die der „Rassenschande" bezichtigte Frau erhält nach dem Krieg eine einmalige Entschädigung von 12.000 DM, ihre Kinder 2200 und 2000 DM.

Die Stele soll als Mahnung dienen

Lange wird das Schicksal Gilges' totgeschwiegen. Erst 1985 verewigt der Künstler Bert Gerresheim den Namen des Mannes im Sockel seiner Nepomuk-Statue auf der Oberkasseler Brücke. Auf Initiative des Düsseldorfer Stadtmuseums lässt die Stadt Düsseldorf 1988 eine von der Künstlerin Hannelore Köhler gestaltete Gedenktafel für den Ermordeten neben der Tonhallenpassage auf der Höhe des Joseph-Beuys-Ufers anbringen. Seit dem 23. Dezember 2003 ist auch ein Platz direkt neben der Düsseldorfer Kunstakademie nach ihm benannt. Als Mahnung, so Oberbürgermeister Thomas Geisel, soll die Stele dienen, die am 21. Juni 2015 an der Düsseldorfer Rheinuferpromenade vor der Oberkasseler Brücke zu Ehren von Hilarius Gilges enthüllt wird.

Stadtmitte

Düsseldorf Stadtmitte, das sind heute die Schadowstraße, Kö, Hofgarten und der Hauptbahnhof. Das sind Baustellen, U-Bahn, Oper, Schauspielhaus und der Kö-Bogen. Das Wilhelm-Marx-Haus, die Düsseldorfer Börse, Johanneskirche und das Dreischeibenhaus prägen sie. Pempelfort, Golzheim und Düsseltal, Flingern Nord und Süd sowie der Südosten Oberbilks und der Süden der Friedrichstadt – Orte, die erst seit dem Anfang des 19. Jahrhunderts zur Stadt gehören – zählen zur Stadtmitte. Erst mit der Schleifung der Stadtmauern 1801 expandiert die Stadt. Golzheim ist bis dahin ein Sumpfgebiet, in Pempelfort kann der erste öffentliche Park Deutschlands bestaunt werden, und in der Nähe des heutigen Schadowplatzes werden lange Zeit Verbrecher hingerichtet.

Mord ohne Leiche – der Fall Simon

Im März 2017 feiert das Stück *Die dritte Haut: Der Fall Simon* des Düsseldorfer Schauspielhauses im Dreischeibenhaus seine Premiere. Nicht nur der Aufführungsort, auch das Thema sorgt schon im Voraus für Aufsehen, greift doch das Theaterstück ein Verbrechen auf, das vielleicht gar keines war – den mutmaßlichen Mord an dem Düsseldorfer Millionär Otto-Erich Simon im Sommer 1991.

Geboren wird Simon 1920/21 in Lösnich an der Mosel als Sohn eines Winzers. Wenig ist über das Leben des Mannes bekannt, der 1963 auf der Düsseldorfer Königsallee die Grundstücke der Häuser Nummer 76 und 78 kauft, die stetig an Wert gewinnen – trotz ihres verwahrlosten Aussehens. Das eine Haus gleicht eher einer Baulücke, das andere besteht ab dem ersten Stock nur als Fassade: Es sind Schandflecken auf der sonst glänzenden Königsallee.

greift doch das Theaterstück ein Verbrechen auf, das vielleicht keines war

Die Brache auf der Prachtmeile weckt Begehrlichkeiten, und Interessenten machen Simon ein lukratives Angebot nach dem

anderen. Bis zu 100 Millionen DM werden ihm angeblich für die Häuser geboten. Doch Simon lehnt ein ums andere Mal ab, obwohl er den Bietern immer wieder Hoffnungen macht. Doch nicht nur die Interessenten hält er hin, auch mit den Frauen in seinem Leben treibt er seine Spielchen. Immer wieder macht er ihnen Heiratsversprechungen, lockt sie, um sie dann zu enttäuschen. Geld gibt es bei ihm nicht zu holen. „Geizig wie Dagobert Duck" sei er gewesen, so eine ehemalige Lebensgefährtin. Der schrullige Millionär oder „Kö-Opa", wie ihn die Düsseldorfer Gazetten nennen, scheint unter Verfolgungswahn zu leiden. Er macht sich rar, zieht sich ins leere Haus auf der Königsallee zurück, wo er auf einem Matratzenlager inmitten von Unrat hausen soll. Der Keller aber ist eine Schatzkammer, voll mit Teppichen, Gemälden und Antiquitäten.

„Kö-Opa" nannten ihn die Düsseldorfer Gazetten

Das letzte Mal wird der Millionär am 12. Juli 1991 gesehen, dann scheint er wie vom Erdboden verschluckt, holt seine bestellten Lebensmittel und auch Medikamente nicht mehr ab. Niemand wundert sich zunächst, Simon ist schon öfter ohne Vorankündigung verreist. Im September desselben Jahres gibt es ein scheinbares Lebenszeichen. Die *Bild* behauptet, der „komische Opa von der Kö" sei mit dreißig Millionen DM in bar in die Berge verschwunden, 45 Kilo habe der mit Geldscheinen gefüllte Koffer gewogen, „so verrückt sind die Träume der Männer. Mit 70 beginnt das Leben …". Wo aber ist der Millionär, und wer hat ihm scheinbar die brachliegenden Kö-Grundstücke abgekauft? Die Spur führt zur Schweizer Immobilien Agentur Plan Contract AG, einer Briefkastenfirma. Hinter der steckt der Immobilienkaufmann Hans-Johann Hansen. Geboren 1938 in Herzogenrath, aufgewachsen mit zwei Halbbrüdern, besucht er die Handelsschule und bricht eine kaufmännische Lehre ab. Er macht eine „Tellerwäscherkarriere", ist vier Mal verheiratet, hat zwei Söhne. Er vertraut niemandem, macht wenn möglich alles allein. Mehrmals versucht der Geschäftsmann, Simon die Grundstücke abzukaufen, scheitert aber immer. Nun soll Simon ihm die beiden Grundstücke samt Häusern verkauft haben – für lächerliche 30 Millionen DM. Der Kaufvertrag wird von einem Schweizer Notar beglaubigt und in Düsseldorf ohne Widerstand akzeptiert. Eine Mitarbeiterin Hansens, gleichzeitig seine Geliebte, fährt mit ihm zur Geldübergabe nach Luxemburg, will den alten Simon zwischen Autos verschwinden gesehen haben.

Die Unterschrift Simons stellt sich als gefälscht heraus. Schnell gerät Hansen in Verdacht. Fast zeitgleich mit dem Verschwinden des Kö-Millionärs hat er in einem Baumarkt eingekauft: Müllsäcke, eine Ytong-Säge, einen Spaten, eine Kreuzhacke und eine Betongießkanne. Eine gruselige Vermutung drängt sich auf: Hat Hansen den Millionär ermordet, zerteilt und in ein Fundament gegossen? Zudem ist der Innenraum seines Jeeps komplett neu ausgekleidet worden – angeblich wegen eines Buttersäure-Attentats. All das klingt seltsam verdächtig, was aber immer noch fehlt, ist der vermisste Otto-Erich Simon – tot oder lebendig.

All das klingt seltsam verdächtig

Dennoch: Der junge Staatsanwalt Dr. Stefan Trunk klagt Hansen wegen Mordes an, auch ohne Leiche, „die könne er sich ja nicht aus den Rippen schneiden". Es kommt am 1. Februar 1994 zum Prozess am Düsseldorfer Landesgericht. Dieser dauert 131 Verhandlungstage und wird am 12. Mai 1996 eingestellt. Hansen ist während der Haft zunehmend depressiv geworden und gilt als nicht verhandlungsfähig. Von Otto-Erich Simon fehlt bis heute jede Spur. Im Jahr 2002 wird er nach dem Verschollenheitsgesetz für tot erklärt. Sein Neffe erbt das Vermögen und soll die Immobilien auf der Königsallee für 90 Millionen Euro verkauft haben.

Gedenktafel auf dem Grab der Familie Schroer

Was dahintersteckt:

Der Unbegrabene

Obwohl Otto-Erich Simons Leiche nie gefunden wurde, befindet sich auf dem Düsseldorfer Nordfriedhof eine Grabplatte mit seinem Namen, die in den Boden der Grabstätte der Familie Schroer eingelassen ist. „In Memoriam Otto-Erich Simon" steht auf ihr und erinnert an einen Kriminalfall, der auch heute noch Fragen aufwirft und Ratlosigkeit hinterlässt.

Der Fall Simon wirft heute noch Fragen auf

Der Vampir von Düsseldorf

Am frühen Morgen des 7. Dezembers 1929 begibt sich der Düsseldorfer Geflügelwärter Matthias Weyergraf auf seinen allmorgendlichen Rundgang durch den Düsseldorfer Hofgarten.

Es ist kalt in der winterlichen Stadt – umso mehr Grund, sich um die vielen Vögel, Enten und Schwäne im Hofgarten zu kümmern. Sie brauchen Futter, um wohlbehalten durch den Winter zu kommen.

einer hat es ihm besonders angetan

An einem Morgen wie diesem sind die alltäglichen Sorgen fern, kreisen seine Gedanken einmal nicht um die finanzielle Not, die viel zu kleine Wohnung oder all die anderen kleinen Nöte des täglichen Lebens. Vergessen sind auch die schlechten Nachrichten über die Wirtschaftskrise oder den mysteriösen Mörder, der seit einiger Zeit in Düsseldorf sein Unwesen treibt.

Er liebt seine Arbeit und die vielen Vögel. Besonders einer hat es ihm angetan, ein junger weißer Schwan. Er ist das schwächste von drei Schwanenküken, schwimmt niemals auf dem Wasser und hält sich stattdessen immer auf der Wiese zwischen der Oper und dem Kriegerdenkmal auf, ist bei den Passanten beliebt und lässt sich von diesen füttern.

Als Weyergraf an diesem Morgen aber zur Wiese am Kriegerdenkmal kommt, sieht er schon von Weitem den weißen Schwan
auf der Wiese liegen, unnatürlich zusammengesunken. Als der
Geflügelwärter näher an den Körper tritt, sieht er, dass der Hals
aufgeschlitzt ist – doch nirgends auf den weißen Federn ist Blut
zu sehen.

„Am 7. Dezember 1929 morgens kurz nach acht Uhr
fand ich es hier gegenüber dem Kriegerdenkmal etwa
fünfzehn Meter vom Wege entfernt, tot vor […] Der Tod
des Tieres war nach Befund der Wunde durch Verblu-
tung eingetreten. […] Ich muss annehmen, dass derjenige, der das Tier getötet hat, das Blut ausgesogen hat. […] Ich wie-
derhole, dass der Täter das Blut des Tieres getrunken haben wird."

Wer aber ist der Vampir von Düsseldorf?

**dass
derjenige, der
das Tier getötet
hat, das Blut
ausgesogen
hat**

Flingern

Heute ist Flingern der In-Stadtteil Düsseldorfs. Doch ist das nicht immer so gewesen. Einst gehörte das Gebiet dem Rittergeschlecht des Hayc von Flingern. Inmitten des großen Flinger Waldes wird das Kloster Düsselthal gegründet. Der Wald weicht nach und nach einer Siedlung, die unter Jan Wellem durch den Flinger Steinweg, die heutige Schadowstraße, mit der Stadt verbunden wird. Hier steht lange Zeit der Düsseldorfer Zoo, der später einem eigenen Stadtviertel seinen Namen geben wird. Der Stadtteil nahe Oberbilk ist ein Arbeiterviertel mit eigener Infrastruktur. Die Menschen pilgern an den Wochenenden zum Flinger Broich, der Heimstatt von Fortuna Düsseldorf. Hier sorgen Legenden wie Paul Janes, Toni Turek, Manes Mauritz und die Allofs-Brüder für Gänsehaut bei den Fans.

Der Massenmörder Peter Kürten

Kindheit und Jugend

In den Vereinigten Staaten von Amerika gibt es nichts, was es nicht gibt – so auch eine Top-Ten-Liste der berühmtesten Massenmörder aller Zeiten. Und auf dieser Liste nimmt lange Zeit ein Mann einen der vorderen Plätze ein, der zu Beginn des 20. Jahrhunderts nicht nur Düsseldorf, sondern die gesamte Weimarer Republik in Angst und Schrecken versetzt – der Massenmörder Peter Kürten.

Peter Kürten wird am 26. Mai 1883 in Mülheim bei Köln als eines von vierzehn Kindern geboren. Peters Vater ist ein aggressiver Säufer, der im Rausch seine Kinder schlägt. Regelmäßig vergewaltigt er eine von Peters Schwestern und wird wegen Blutschande verurteilt. Kürtens Mutter lässt sich von ihrem Mann scheiden – eine Seltenheit damals. Vom Nachbarn lernt der Junge das Quälen und Foltern: Gemeinsam mit dem Hundefänger zieht er Welpen bei lebendigem Leib das Fell ab, erfährt dabei erste sexuelle Befriedigung.

der Junge lernt das Quälen und Foltern

Mit neun Jahren stößt er eigenen Angaben zufolge Spielkameraden in den Rhein und lässt sie ertrinken. Prügeleien, Erpressung und Diebstahl sind für den Jugendlichen an der Tagesordnung.

Die Familie zieht nach Düsseldorf, wo sie zunächst in einer Ein-Zimmer-Wohnung lebt. Kürten besucht die Gerresheimer Volksschule und macht darauf eine Lehre zum Sandformer, die er nach einem Jahr abbricht und darauf Kranführer wird. Seine kriminelle Karriere setzt er auch hier fort: Er unterschlägt Firmengelder, verprasst diese mit Prostituierten und sitzt darauf von 1901 bis 1903 im Düsseldorfer Gefängnis, der Ulmer Höh, ein.

zu denen auch das Schlagen und Würgen gehören

Aus der Haft entlassen zieht er zu einer älteren Frau und deren Tochter. Es kommt zu verschiedenen sexuellen Praktiken, zu denen auch das Schlagen und Würgen der Frau gehören sollen.

Der erste Mord

Im Mai 1913 wird in Mülheim Kirmes gefeiert. An der Wolfstraße, der heutigen Keupstraße/Ecke Holweider Straße, befindet sich die Schankwirtschaft von Peter Klein, das Goldene Ross. Dort steigt eines Nachts ein Mann ein – es ist Peter Kürten. Die Lichter der Wirtsstube sind gelöscht, die letzten Gäste nach Hause gegangen. Der Täter dringt in die Wohnung der Wirtsleute ein, durchsucht die Schränke nach Wertsachen. Er findet keine, dafür aber entdeckt er in einem der Zimmer schlafend die neunjährige Tochter der Eheleute Klein, Christine. Er geht auf sie zu, das Mädchen wird wach. Kürten würgt sie bis zur Ohnmacht, verletzt sie an ihrem Geschlechtsorgan und schneidet ihr schließlich mit zwei Schnitten die Kehle durch. Als die Eltern am nächsten Morgen in das Zimmer ihrer Tochter kommen, finden sie sie mit durchgeschnittener Kehle in ihrem Bett, gewürgt und missbraucht. Ein verlorenes Taschentuch mit den Initialen P.K. wird im Zimmer des Mädchens gefunden. So fällt zunächst der Verdacht auf den Vater des Mädchens, später auf den Onkel. Beiden kann die Polizei jedoch nichts nachweisen, und so bleibt der Fall Christine Klein ungeklärt – bis zum Jahr 1930, als sich herausstellt, dass dies der erste Mord Peter Kürtens ist und möglicherweise die Initialzündung für eine 16 Jahre später stattfindende Mordserie.

Immer wieder wird Kürten zu Haftstrafen verurteilt. Als er 1923 im thüringischen Altenburg Auguste Scharf heiratet, hat er von seinen 38 Lebensjahren zwanzig hinter Gittern verbracht. Seine Frau selbst hat bereits eine Haftstrafe wegen Totschlags mit einer Schusswaffe verbüßt, was Kürten stolz auf seine „jute Juste", wie er sie nennt, macht. 1925 zieht das Paar nach Düsseldorf, wo es sich, nach mehreren provisorischen Unterkünften, in der Mettmanner Straße 71 niederlässt. Kürten arbeitet für verschiedene Baufirmen und Maschinenfabriken, seine Frau findet Arbeit in der Küche des Cafés Hemesath in der Graf-Adolf-Straße. In der Nachbarschaft gilt Kürten als liebender Ehemann, der regelmäßig seine Frau zur Arbeit begleitet und sie dort auch wieder abholt. Dass er ein gefährlicher Gewalttäter ist und seine Frau betrügt, können sie nicht ahnen. Seine Frau jedoch weiß um die Seitensprünge ihres Mannes, bei der es immer wieder zu gewaltsamen Übergriffen kommt, hält sie doch einige seiner Opfer davon ab, Anzeige gegen ihren Mann zu erstatten.

gilt Kürten als liebender Ehemann

Die Mordserie

Es ist der 2. Februar 1929 gegen 21 Uhr. Peter Kürten ist, adrett gekleidet, hohe Stirn, schnurgerader Scheitel, allein in Gerresheim unterwegs. Auf der Bertastraße in der Nähe der Dreherstraße sticht er 24 Mal ohne Vorwarnung mit einer Schere so heftig auf die 55-jährige Apollonia Kühn ein, dass die Scherenspitze unter der Kopfhaut stecken bleibt. Von den Schreien seines Opfers wird er vertrieben, versteckt sich zunächst in der Nähe des Tatorts. Die schwer verwundete Frau kann in ihre Wohnung fliehen und überlebt.

Die Tat erregt ihn. Wie bei allen weiteren Taten erfährt Kürten dabei sexuelle Befriedigung. Er soll später aussagen, dass er häufig schon Samenabgang gehabt habe, wenn er sein Opfer nur würgte, spätestens jedoch, wenn er darauf einstach oder -schlug.

Sein Verlangen muss gestillt werden. Und so sucht er sich direkt sein nächstes Opfer. Er trifft am 9. Februar in der Nähe der

Kettwiger Straße die neunjährige Rosa Ohlinger, die auf ihrem Heimweg zur Langerstraße ist, wo ihre gelähmte Schwester auf sie wartet. Das Mädchen ist in Eile und besorgt. Kürten beruhigt sie, verspricht ihr zu helfen, nimmt sie an die Hand und führt sie hinter einen Bauzaun an der Vinzenzkirche, wo er sie würgt, sich an ihr vergeht, mehrfach auf das ohnmächtige Mädchen einsticht, es tot am Tatort liegen lässt, um es am nächsten Morgen mit Petroleum zu übergießen und zu verbrennen. Er will damit nicht etwa die Tatspuren vernichten, sondern das Entsetzen der Öffentlichkeit noch steigern. Zwischen Mord und Verbrennung entspannt Kürten im Alhambra Kino in der Friedrichstraße, schaut sich *Es war einmal ein treuer Husar* an.

Der nächste Mord geschieht bereits drei Tage später, am 12. Februar auf dem Hellweg in Flingern. Dort trifft er auf den Invaliden Rudolf Scheer. Der 54-Jährige ist angetrunken auf dem Weg

Kürten sticht den Mann nieder

in seinen Schrebergarten. Kürten sticht den Mann nieder. Als Scheer sich zur Wehr setzt, sticht Kürten weiter auf ihn ein, Blut spritzt aus den Wunden des Opfers, das der Täter versucht zu trinken. Schließlich stößt er den Mann die Böschung hinunter und lässt ihn dort verbluten.

Scheer ist das einzige männliche Opfer Kürtens, eine Verzweiflungstat des psychisch gestörten Mörders. Lange hatte er wohl an diesem Abend nach einem geeigneten Opfer gesucht, doch keines gefunden. Da kam ihm der Invalide nur recht.

Bis zu seinem nächsten Mord vergehen fast genau sechs Monate. Im Zooviertel macht er am 8. August die Bekanntschaft mit der Hausangestellten Maria Hahn. Er überredet die Zwanzigjährige zu einem Ausflug ins Neandertal am 11. August. Die beiden wandern, machen Rast im Restaurant Stindermühle, wo Kürten wegen seiner liebenswürdigen Zärtlichkeit gegenüber Hahn auffällt. Am Abend essen die beiden in Erkrath. Auf dem Heimweg durch den Wald bei Gerresheim kommt es zunächst zu Zärtlichkeiten, bevor Kürten auf die junge Frau wie wild einsticht. Mehrmals trifft er sie am Hals, trinkt aus diesen Wunden ihr Blut und wirft die Leiche in einen Graben. Am folgenden Montag kehrt er zu seinem toten Opfer zurück und begräbt es.

Immer wieder zieht es den Mörder in der nächsten Zeit zu der Stelle zurück. Bei seiner Vernehmung gibt er an, er habe feuchte Augen gehabt, wo er doch in seinem Leben überhaupt noch nie geweint habe.

Doch fehlt Kürten nach diesem im Schutz des Gerresheimer Waldes begangenen Mord die öffentliche Aufmerksamkeit, das Entsetzen, welches seine ersten beiden Mordtaten hinterlassen haben. Nicht ohne Grund war er nach den ersten beiden Morden immer wieder in die Nähe des Tatorts zurückgekehrt, um Angst, Terror und Ratlosigkeit der Menschen dort zu spüren. Deshalb schickt er Ende September eine Skizze mit dem Lageplan des Grabes im Wald an die *Düsseldorfer Nachrichten,* doch es geschieht nichts. Er sendet ein ähnliches Schreiben mit Skizze an die Polizei, die aber damit nichts anzufangen weiß. Erst als er am 8. November der Zeitung *Die Freiheit* eine Nachricht zukommen lässt, die die Stelle eines neuen Tatorts beschreibt sowie die Stelle, an der er Maria Hahn verscharrt hat, kommt Bewegung in die Sache. Das neue Opfer, Gertrud Albermann, wird bereits am 8. November entdeckt, die Leiche Maria Hahns findet die Polizei schließlich am 15. November.

er habe feuchte Augen gehabt

Die Mordlust Kürtens ist aber unterdessen noch lange nicht gestillt. In der Nacht vom 20. auf den 21. August des gleichen Jahres unternimmt er drei Mordversuche, bei denen er danach trachtet, seine auserwählten Opfer mit dem Messer zu erstechen – vergeblich.

Erst am Abend des 24. Augusts hat er Glück. In Flehe ist Kirmes, und Kürten entdeckt nahe dem Kirmesplatz zwei Mädchen, die dreizehnjährige Luisa Lenzen und die erst fünfjährige Gertrud Hamacher. Er nähert sich ihnen, gewinnt ihr Vertrauen. Er

**Vor der
Rochuskirche
wird Kürten
verhaftet**

gibt Luisa zwanzig Pfennig, damit sie ihm Zigaretten holt, und schneidet darauf dem kleineren Mädchen die Kehle durch. Als die 13-Jährige mit seinen Zigaretten zurückkommt, tötet er sie

**Er nähert sich
ihnen, gewinnt
ihr Vertrauen**

mit mehreren Stichen, lässt die Leichen der Mädchen liegen und flieht. Auch hier kehrt er am nächsten Tag an den Tatort zurück, um sich am Entsetzen der Bevölkerung zu ergötzen.

Er ist rastlos, versucht noch am gleichen Tag am Oberkasseler Rheinufer eine Hausangestellte zu ermorden, doch ihre Schreie alarmieren einige Wassersportler. Kürten flieht; die Frau, mit einem Dolch in Hals und Rücken gestochen, überlebt schwer verletzt.

Die Gegenwehr scheint Kürten kurze Zeit zu verschrecken, einen Monat unternimmt er keine Versuche mehr. Dann, am 29. September, überredet er die 31-jährige Ida Reuter, die er am Düsseldorfer Hauptbahnhof kennengelernt hat, mit ihm per Straßenbahn ins Pappelwäldchen nach Oberkassel zu fahren. Dort angekommen zögert die Frau, ihm in das düstere Pappelwäldchen zu folgen. Kürten schlägt sie mit einem Hammer bewusstlos und zerrt sie in den Wald. Mit mehreren Hammerschlägen tötet er sie,

wäscht daraufhin seine Hände im Rhein und trocknet diese mit ihrer Unterhose ab.

Elisabeth Dörrier ist zweiundzwanzig Jahre alt, arbeits- und wohnungslos, als sie wenige Tage später Kürten auf der Graf-Adolf-Straße trifft. Die junge Frau, die mit einer Schauspieltruppe im August nach Düsseldorf gekommen ist, verdient sich gelegentlich als Prostituierte ihren Lebensunterhalt. Sie erklärt sich gerne bereit, ihn nach Hause zu begleiten. Nachdem sie in Kürtens Stammlokal, dem Brauereiausschank Schumacher auf der Oststraße, ein Bier getrunken haben, machen sie sich auf den Weg. Auf dem vermeintlichen Heimweg durch den Ostpark zur Sulzbachstraße versetzt er ihr dort mit einem Hammer einen Schlag auf den Kopf, zieht sie in ein Gebüsch und zertrümmert ihr mit mehreren Hammerschlägen den Schädel. Er lässt die sterbende Frau dort liegen.

Noch zweimal versucht er, Menschen mit dem Hammer zu ermorden, doch seine Opfer haben Glück, können dem Massenmörder entkommen.

Zum letzten Mal mordet Kürten am 7. November 1929. In Flingern spricht er die fünfjährige Gertrud Albermann an, geht mit ihr zu den Schrebergärten in der Albrecht-Dürer-Straße. Dort sticht er ihr mit einer Schere in die Schläfe, trinkt von ihrem Blut und ermordet sie mit mehr als dreißig Stichen. Die Leiche des Kleinkinds platziert er an der Mauer der benachbarten Firma Haniel und Lueg und lässt daraufhin der Zeitung *Die Freiheit* den oben erwähnten Brief zukommen.

Zum letzten Mal mordet Kürten 1929

Dann lässt Kürten von weiteren Morden ab, hört jedoch nicht auf, Frauen anzusprechen und zu versuchen, mit ihnen intim zu werden – auch gegen ihren Willen.

Die Festnahme

Am 14. Mai 1930 lernt die junge Hausangestellte Maria Butlies in der Nähe des Düsseldorfer Hauptbahnhofs einen jungen Mann kennen und unternimmt mit ihm einen Spaziergang zum Volks-

garten. Als der junge Mann zudringlich wird, verhindert ein seriöser Herr, der sich einmischt, Schlimmeres. Er gibt an, Beamter zu sein, warnt Butlies vor leichtfertigen Bekanntschaften, gehe doch zurzeit ein Mörder in Düsseldorf um, der es auf Frauen abgesehen habe. Schließlich bietet er der Frau an, sich in seiner Wohnung auszuruhen. Der Beamte ist Peter Kürten. In der Wohnung wird er zudringlich, Maria Butlies wehrt sich. Kürten lässt von ihr ab und verspricht, sie in das Wohnheim in Eller zurückzubringen. Er führt sie durch den Grafenberger Wald, bedrängt sie aber hier erneut und vergewaltigt sie. Butlies wehrt sich, versichert, sich nicht mehr an seine Adresse erinnern zu können, damit ihr Peiniger sie

In der Wohnung wird er zudringlich

gehen lässt. Kürten lässt von ihr ab, bringt sie noch zu einer Straßenbahnhaltestelle am Staufenplatz und verabschiedet sich höflich von seinem Opfer.

Butlies schildert das schlimme Erlebnis in einem Brief an ihre Freundin, der jedoch nie dort ankommt, sondern bei einer Familie Brügmann in der Bilker Straße 22 landet. Brügmanns öffnen den Brief, ahnen, um wen es sich darin handelt, und übergeben den Brief der Polizei. Die verhört am 20. Mai Butlies, lässt sich von ihr am darauffolgenden Tag zum Haus Mettmanner Straße 71 führen. Dort angekommen ist die junge Frau sich nicht mehr sicher. Die Polizei verabschiedet sich. Wenig später geht Maria Butlies doch noch einmal in das Haus, unterhält sich mit einer Nachbarin Kürtens, die sofort ihren Nachbarn in Verdacht hat. Sie schreibt Kürtens Namen auf einen Zettel, gibt diesen Butlies für die Polizei mit. Als die in der Mettmanner Straße eintrifft, ist Kürten verschwunden. Er hatte Butlies im Hausflur entdeckt, schnell die Wohnung verlassen, Geld vom Konto geholt und ein Zimmer in der Ackerstraße gemietet. Die Polizei sucht Kürtens Frau auf und überreicht ihr eine Vorladung für ihren Mann.

Als sie ihren Mann daraufhin zur Rede stellt, gibt er zu, Butlies bedrängt zu haben. Das Ehepaar verabredet sich für den nächsten

Mittag zum Essen, unternimmt einen Spaziergang in Oberkassel, auf dem Kürten seiner Frau alles gesteht. Als sie ihm vorschlägt, gemeinsam Selbstmord zu begehen, weigert sich Kürten. Das Paar will am kommenden Tag vor der Rochuskirche um 15 Uhr voneinander Abschied nehmen. Als Kürtens Frau nach Hause zurückkehrt, wird sie von der Polizei verhaftet. Im Verhör bricht sie zusammen, erzählt von dem geplanten Treffen am nächsten Tag. So kann die Polizei Kürten am 24. Mai 1930 vor der Rochuskirche festnehmen.

Ohne Widerstand lässt Kürten sich abführen. Zwei überlebende Opfer identifizieren ihn als ihren Peiniger. Kürten gesteht die neun Düsseldorfer Morde, zudem noch drei weitere Morde in Altenburg und vier Mordversuche, die sich jedoch als Falschaussagen herausstellen. Kurze Zeit später widerruft er sein Geständnis. Als jedoch Gegenstände der ermordeten Mädchen in seinem Besitz gefunden werden, kehrt Kürten wieder zu seinem Geständnis zurück. Von Ärzten der Bedburger Provinzial-Heil- und Pflegeanstalt wird er für geistig zurechnungsfähig erklärt.

Im Verhör bricht sie zusammen

Der Prozess des Massenmörders zieht sich fast ein ganzes Jahr hin. Ein Düsseldorfer Schwurgericht verurteilt Peter Kürten am 22. April 1931 wegen Mordes in neun Fällen neunmal zum Tode, außerdem zu fünfzehn Jahren Zuchthaus für die sieben Mordversuche.

Genießt Kürten die Aufmerksamkeit, die ihm während seines Prozesses widerfährt, so ist er über die Tage seiner Inhaftierung enttäuscht. Er ist nur noch ein ganz normaler Verbrecher, der auf seine Bestrafung wartet.

So wird er am frühen Morgen des 2. Juli 1931 vom Scharfrichter Carl Gröpler mit dem Fallbeil im Kölner Gefängnis Klingelpütz, in das er am Tag zuvor verbracht worden war, hingerichtet. Nur wenige offizielle Zeugen sind geladen, unter ihnen auch der Kölner Oberbürgermeister Konrad Adenauer. Ob dieser der Ein-

ladung folgt, ist nicht bekannt. Die Öffentlichkeit bleibt von der Hinrichtung ausgeschlossen – der Rundfunk berichtet jedoch live.

Kürten selbst bezichtigt sich auch der Tötung des weißen Schwan

Kürten selbst bezichtigt sich auch der Tötung an dem weißen Schwan im Hofgarten, dessen Blut er getrunken haben will. Dies und die Tatsache, dass er auch immer wieder bei seinen Mordopfern von deren Blut gekostet hat, bringt ihm den Namen „Der Vampir von Düsseldorf" ein.

 Was dahintersteckt:

Fahndung ohne Erfolg

Mit dem Fall Kürten befasst sich schon unmittelbar nach dem ersten Mord an Apollonia Kühn im Februar 1929 eine vierzig Mann starke Sonderkommission, die lange Zeit im Dunklen tappt – zumal es auch zunächst nicht klar ist, dass es sich bei den nun in Düsseldorf stattfindenden Morden um die Taten ein und des gleichen Täters handelt. Häufig wird der Polizei im Falle Kürten Versagen vorgeworfen. Das auffallendste Beispiel hierfür ist sicherlich die Vorladung, die die Polizei Kürtens Frau gibt. Einem des neunfachen Mordes Verdächtigen eine solche zukommen zu lassen, kommt einer Aufforderung zur Flucht gleich. Doch hat es die Polizei auch nicht einfach, in diesem Fall den Überblick zu behalten.

Nachdem 15.000 Mark Belohnung ausgelobt werden, gehen mehr als 12.000 Hinweise und Anzeigen ein, die die Verwirrung eher vergrößern, als Licht ins Dunkel zu bringen. Über 200 Menschen bezichtigen sich selbst der Taten. Aussagen und Hinweise von über 300 Hellsehern und Telepathen, darunter auch Jan Hanussen, der spätere Wahrsager Adolf Hitlers, erschweren die Arbeit der Polizei zusätzlich.

Von Berlin aus wird der Spezialist für Mordermittlungen, Ernst Gennat, nach Düsseldorf entsandt. Er hat in Berlin die „Zentral-

kartei für Mordsachen", auch als „Todesermittlungsdatei" bekannt, angelegt, die es ermöglicht, Personen- und Sachdaten zurückliegender Mordfälle mit aktuellen Fällen zu vergleichen. Die Folge davon sind 94,7 Prozent aufgeklärter Mordfälle im Jahr 1931. Gennat lässt systematisch tat-, tatort- und täterbezogene Daten sammeln, avanciert damit zum ersten Profiler in der deutschen Kriminalgeschichte.

Auch zum Fall Kürten wird gesammelt, was nur irgend möglich ist. Doch kann das keinen Erfolg haben, da Zeugenaussagen zu oft zu sehr von den tatsächlichen Fakten abweichen. So wird Kürten, im Mai 1929 bereits 46 Jahre alt geworden, von Überlebenden und mehreren Beobachtern als zwanzig- bis dreißigjähriger Mann beschrieben. Eine Zeugin sagt aus, der Begleiter des Opfers Maria Hahn habe eine Brille getragen – Kürten hat zeit seines Lebens keine solche benutzt. Sein erstes Opfer, die Überlebende Apollonia Kühn, erkennt ihren Peiniger bei der Gegenüberstellung nicht. Auch kann eine andere Überlebende ein älteres Polizeifoto des mehrfach verurteilten Täters nicht mit diesem in Verbindung bringen.

So ist es nur folgerichtig, wenn Kommissar Zufall in Form eines fehlgeleiteten Briefes die Polizei auf die Spur Kürtens bringt.

> **Der erste Profiler in der deutschen Kriminalgeschichte**

Kürten – ein Opfer?

Sehr eindrücklich schildert die liberal-bürgerliche *Vossische Zeitung* den ersten Prozesstag gegen Peter Kürten. Vier Stunden lang darf Kürten reden, vier Stunden, in denen er viel über sich spricht, über den gewalttätigen Vater, seine Kindheit, seine Jahre als Jugendlicher bis zu seiner ersten Verhaftung. Über seine Gräueltaten, die Morde und Mordversuche, die nachgewiesenen Brandstiftungen spricht er nur eine halbe Stunde lang. Man habe ihn als Siebzehnjährigen wie einen Schwerverbrecher durch ganz Düsseldorf geführt und ihn vielleicht damals schon für einen Mörder gehalten. Von Schmach und Schande spricht er, beklagt

seine Zurschaustellung durch Vollzugsbeamte, die ihn im Gefängnis ihren Verwandten zeigen. Immer wieder seien ihm die Hände gefesselt worden – und dann, als er frei von Fesseln gewesen sei, habe er begonnen zu morden, ein Kind namens Christine Klein ...

Das Gehirn eines Massenmörders

Nach Kürtens Enthauptung wird dessen Körper bestattet, der Kopf aber wird von Wissenschaftlern untersucht, da die Öffentlichkeit Gründe für Kürtens Mordlust, seine Triebhaftigkeit und Brutalität erfahren will. Doch der ernüchternde Befund der Wissenschaftler lautet, dass das Gehirn Kürtens pathologisch vollkommen normal sei. Über den Verbleib von Kürtens Kopf wird lange Zeit gerätselt. Erst Ende der 1980er-Jahre taucht er wieder auf – in den Vereinigten Staaten von Amerika. Dort befindet er sich seit 1989 im Besitz von Ripley Entertainment und wird seit 1990 im Museum *Ripley's Believe It or Not!* in Wisconsin Dells ausgestellt. Zuvor soll er einem Sammler auf Hawaii gehört haben – wie er dorthin gelangt ist, bleibt bis heute ungeklärt.

> Über den Verbleib von Kürtens Kopf wird lange gerätselt

Lohn der Angst

Insgesamt sind auf die Ergreifung des Massenmörders 15.000 Reichsmark ausgesetzt. Nach der Ergreifung Kürtens wird diese Summe zu verschiedenen Teilen an Kürtens Frau, Maria Butlies, Elisabeth Brügmann und Kürtens Vermieterin, eine Frau Sage, ausgezahlt. Dabei erhält Auguste Kürten den Hauptanteil, 4000 Reichsmark ermöglichen ihr ein neues Leben. Elisabeth Brügmann, die Butlies' Brief der Polizei ausgehändigt hat, erhält 1500 Reichsmark.

Künstlerische Auseinandersetzung

Die Mordserie von Düsseldorf sorgt nicht nur in der Stadt für Aufsehen und Entsetzen, sie erschüttert die Weimarer Republik und sorgt auch im Ausland für Schlagzeilen.

Noch vor Kürtens Verhaftung inspiriert der Fall des Massenmörders den deutschen Regisseur Fritz Lang zu seinem Film *M – eine Stadt sucht einen Mörder*. Der Film, eine der ersten deutschen Tonfilmproduktionen, spielt im Berlin der Dreißigerjahre. Ein unbekannter Kindermörder versetzt die Bevölkerung der Millionenstadt in Angst und Schrecken. Die Parallelen zu den Geschenissen in Düsseldorf sind klar auszumachen. Drei Wochen nach Kürtens Hinrichtung erscheint der Film in den deutschen Kinos und wird auch im europäischen Umland bekannt.

Der Serienmörder Peter Kürten hält Einzug in Kunst und Kultur. Stephen Kings *Brennen muss Salem* nimmt klare Bezüge auf den Fall Kürten. Der Sänger und Songwriter Randy Newman, dessen erste Frau aus Düsseldorf kommt, singt in seinem Lied *In Germany before the war* über Kürten. Die amerikanische Band Macabre nimmt den Song *The Vampire of Düsseldorf* auf, die englische Band *Whitehouse* widmet ihm mit *Dedicated to Peter Kürten* gar ein ganzes Album.

Peter Kürten hält Einzug in Kunst und Kultur

1991 wird das Theaterstück *Normal – The Düsseldorf Ripper* von Anthony Neilson uraufgeführt. Es dient auch als Vorlage für den gleichnamigen tschechisch-mazedonischen Film aus dem Jahr 2009.

Auch in Düsseldorf setzt man sich mit der Geschichte Kürtens auseinander. 2000 wird im Düsseldorfer Schauspielhaus das Stück *Schlachtfest oder Wie ich ein brauchbares Opfer werde* von Thomas Richhardt uraufgeführt – im Mittelpunkt der Handlung stehen Peter Kürten und seine Frau Auguste. Auf dem Düsseldorfer Altstadtherbst 2008 feiert das Kammerspiel *Wer ist der Mörder?* von W.A. Wirringa Premiere.

Der Fall Kürten bewegt bis in die heutige Zeit, und so verwundert es nicht, dass immer wieder oder immer noch über ihn geschrieben und geforscht wird.

Bilk

Schon im frühen Mittelalter wird auf dem Gebiet des heutigen Bilks gesiedelt, und vermutlich bereits um 700 existiert die Tuffsteinkirche St. Martin, heute Alt St. Martin. Bis 1206 gehört ein kleines *dorp* an der Düssel zum Kirchspiel von St. Martin, ehe dort eine kleine Kapelle zur Pfarrkirche erhoben wird. Nachdem Düsseldorf 1288 die Stadtrechte verliehen bekommt, wird 1384 die „Dorfschaft" Bilk nach Düsseldorf eingemeindet. Heute ist Bilk Teil des Stadtbezirks 5 und der einwohnerstärkste Stadtteil Düsseldorfs.

98

Der feurige Mann

Es war im Jahr 1784, da lebte auf der Himmelgeister Straße 69 der alte Kruchen mit seiner Familie. In seinem Hause war ein österreichischer Werbeoffizier mit einigen Reitern einquartiert worden. Und es geschah, dass ein gewaltiges Hochwasser sich der Stadt Düsseldorf näherte. Die Familie raffte das Notwendigste zusammen und verließ das Haus. Der österreichische Werbeoffizier befragte seinen Wirt, was diese Flucht zu bedeuten habe.

„Herr, rheinaufwärts naht ein gewaltiges Hochwasser. Der Damm zu Stoffeln aber ist nur von geringer Höhe. Aus diesem Grund verlassen wir unser Haus, um nicht Opfer der Fluten zu werden. Ich rate Euch, tut Ihr es uns nach."

Der Offizier schüttelte ungläubig den Kopf, warnte aber dennoch seine Männer vor dem möglichen Hochwasser. Diese saßen gerade in der Stube des Hauses, würfelten und tranken ein Fass Bier. Widerwillig packten sie ihre Sachen zusammen und machten sich auf den Weg. Zwei der Soldaten aber verharrten im Kruchen'schen Hause und tranken munter weiter, alle Warnungen ihrer Kameraden und des Offiziers missachtend. Schließlich begannen sie, die leer stehenden Häuser und Wohnungen in der Nachbarschaft nach Wertvollem zu durchsuchen.

Da brach der Stoffeler Damm, und viel Rheinwasser ergoss sich über das Land. Auch in die Himmelgeister Straße, wo früher ein Arm des Flusses seinen Weg hatte, kam es zu einer großen Überschwemmung. Die schurkischen Soldaten jedoch waren so sehr mit dem Plündern beschäftigt, dass sie das Wasser erst bemerkten, als es schon um ihre Füße floss. Unter lautem Fluchen bestiegen die beiden ihre Pferde und sprengten davon. Eilig trieben sie ihre Pferde in Richtung des Dorfes Stoffeln. Dem einen glückte die Flucht, der andere jedoch wurde von den Wellen verschlungen, ertrank und wurde nie wiedergesehen. Sein Pferd jedoch wurde in den Ästen eines Baumes hängend gefunden.

dem einen glückte die Flucht, der andere ertrank

Der ertrunkene Reiter soll in der Folgezeit noch oft als „feuriger Mann" über einem Tümpel mit brackigem Rheinwasser gesehen worden sein.

Was dahintersteckt:

Feurige Männer

Häufig kommt es vor, dass sich nach den Überflutungen des Rheins die Rinde vom faulenden Holz der alten Weidenstümpfe im Brackwasser löst. In den blanken Stämmen spiegelt sich das Mondlicht. Daraus entsteht der Glaube, dass dort die Feuermänner hausen, ruhelose Seelen von verstorbenen Bösewichtern.

Der Stoffeler Damm

Heute noch existiert in Bilk, auf der Grenze zum Ortsteil Flehe, eine Straße mit dem Namen Stoffeler Damm. Sie liegt auf der einen Seite erhöht über der Kleingartenanlage KGV Heinrich Förster.

Franz-von-
Sales-Kirche

Bereits im Mittelalter war hinter dem Itterer
Damm als zusätzliche Maßnahme ein weite-
rer, drei Kilometer langer Deich errichtet worden, der Stoffeler Damm. Er führte ursprünglich vom Terrain des heutigen
Sportplatzes von DJK TuSA 06 Düsseldorf entlang der nach
ihm benannten Straße durch das Gelände der heutigen Uni-
versitätsklinik, des Stoffeler Friedhofs und des Südparks zur
Scheidlings-Mühle, an deren Platz heute die Franz-von-Sales-
Kirche steht.

19

Der seherische Priester

Vor mehr als zweihundert Jahren wurde in der ehemaligen kurfürstlichen Residenzstadt Düsseldorf ein Junge geboren, dessen Name Hermann war. Er wurde in der Pfarrkirche St. Lambertus getauft und war ein aufgeweckter Schüler. So besuchte er das Jesuitengymnasium der Stadt. Er lernte gerne und war fleißig. So sehr gefielen ihm das Leben und die Lehren der heiligen Brüder, dass er beschloss, ebenfalls sein Leben Gott zu weihen. Er wurde ein Bruder Jesu, ein Doktor der Philosophie und leitete ein kleines Gymnasium in Siegen. Doch Hermann, der mit Nachnamen Schönenbusch hieß, war ein streitbarer Mensch, fest im Glauben zwar, doch immer auf der Suche nach dem wahren Wort Gottes. So verfasste er gelehrte Schriften und Bücher, die jedoch seinem Herrn nicht gefielen. Der Kurfürst und Erzbischof von Köln ließ ihn verhaften, klagte ihn an und ließ ihn ins Gefängnis werfen. Dort verharrte er zwei lange Jahre, immer in der Gewissheit, Gott werde ihn erlösen.

Dort verharrte er zwei lange Jahre

Als er dann endlich wieder die Freiheit erblickte, zog es Hermann zurück in seine Heimatstadt, wo er als Pfarrer in der Loretokapelle im Vorort Bilk tätig war. Dort wurde seit Jahren die Hei-

Alt-St.-Martin,
Düsseldorfs
älteste Kirche

lige Madonna von Loreto verehrt, und Pilger aus dem gesamten Land kamen dorthin. Dort wirkte er nun viele Jahre und wurde von den Mitgliedern seiner Gemeinde hoch geachtet.

Eines Tages aber überraschte er seine Mitmenschen durch eine Weissagung: Er fühle sich müde, sprach er, und sähe sein Ende kommen. Dann sagte er ihnen auch den Tag, an dem er sterben werde, voraus: der 24. November 1810. Und tatsächlich, als der Tag gekommen war, fanden ihn die Mitglieder seiner Gemeinde am Morgen tot in der Kapelle auf.

Unter großer Anteilnahme wurde Hermann auf dem Bilker Friedhof beerdigt.

> **als der Tag gekommen war, fanden ihn die Mitglieder tot in der Kapelle auf**

Als nun dreizehn Jahre später der Pfarrer der Bilker Gemeinde den alten Friedhof erneuern ließ, musste auch das Grab Hermanns umgebettet werden. Als der Sarg des frommen Mannes aus der Erde geholt wurde, war dieser sehr vermodert, die Gewänder des ehemaligen Jesuiten jedoch und auch er selbst waren unversehrt und wirkten wie am Tage seines Begräbnisses. Dieses Wunder verbreitete sich schnell, und so pilgerten von nah und fern die Menschen an das Grab des Mannes, der seinen eigenen Tod vorausgesehen hatte, um dort Heilung von ihren Leiden zu erfahren.

 Was dahintersteckt:

Jesuit und Seher

Hermann Schönenbusch wird am 1. November des Jahrs 1728 in Düsseldorf geboren. Der Junge wird in der Kirche St. Lambertus getauft und besucht das Jesuitengymnasium seiner Heimatstadt.

Er wird zum Priester geweiht, promoviert in Paderborn zum Doktor der Philosophie und wird 1763 Leiter des Gymnasiums in Siegen. Dort wird er nach achtjähriger Tätigkeit aus ungeklärten Gründen entlassen. Nachdem Papst Clemens XIV. den Jesuitenorden auflöst, geht Schönenbusch als Missionar nach Jülich.

Er ist ein streitbarer Mann, prangert Missstände innerhalb der Kirche an und erregt den Zorn der Obrigkeit. Im Juli 1791 wird er zur Haft im Kapuzinerkloster Bonn verurteilt. Zwei Monate später ahndet der Kurfürst und gleichzeitige Erzbischof von Köln die Herausgabe der Schriften *Der bellende Hirtenhund, Das sanftmütige Lämmchen* und *Der neunte Toleranz Zettel* mit der Einweisung in ein Kölner Gefängnis. Aus dem Gefängnis entlassen, kehrt Schönenbusch nach Düsseldorf zurück, um dort ab 1797 die Verwaltung der Loretokapelle in Bilk zu übernehmen. Er stirbt am 24. November des Jahrs 1810.

Er ist ein streitbarer Mann

Kaiserswerth

Auf halbem Weg zwischen Düsseldorf und Duisburg liegt der älteste Stadtteil der Landeshauptstadt, die ehemalige Reichsstadt Kaiserswerth. Bereits zum Ende des 7. Jahrhunderts gründet der Mönch Suitbertus auf der damaligen Insel, die dem Rhein vorgelagert ist, ein Benediktinerkloster. Von da an erlebt der Ort viele wechselvolle Geschichten. Der heilige Suitbertus begeht dort Wundertaten, Heinrich IV., der später den Bettelgang nach Canossa vollführt, wird dort als kleiner Junge entführt. Der Ort wird zur Reichsstadt ernannt, als mächtige Kaiserpfalz am Ufer des Rheins errichtet und infolge des Spanischen Erbfolgekriegs fast vollständig zerstört. Immer wieder belagern Truppen die kleine, aber reiche Stadt, die seit 1929 zu Düsseldorf gehört.

Der Geist des Obersten

Zu früheren Tagen war der kleine Ort Kaiserswerth sehr wohlhabend. Die Menschen dort lebten gut vom Handel. Auf ihrem Weg rheinaufwärts legten die Schiffe, die von Pferden oder aber auch von Ochsen gezogen wurden, in dem Ort an. Die Traidelknechte versorgten sich und ihre Pferde, die Schiffseigner boten die Ware, die sie transportierten, zum Kauf an, und die wenigen Passagiere, die auf den Schiffen mitreisten, vertraten sich die Beine und kehrten in den Kaiserswerther Gasthäusern ein, um zu essen und zu

Die Einwohner hätten zufrieden leben können

trinken. Die Einwohner des kleinen Städtchens hätten zufrieden leben können, wenn ihre Heimat nicht ständig die Begehrlichkeiten der Mächtigen geweckt hätte. Immer wieder versuchten fremde Herrscher, den Ort aus dem Besitz des Kurfürsten von Köln zu rauben, immer wieder wurde er zum Spielball der Mächte.

So geschah es, dass vor etwas mehr als drei Jahrhunderten Truppen des Fürsten von Anhalt vor den Toren der Stadt lagen und sich auf deren Erstürmung vorbereiteten. Unter den Soldaten befand sich ein junger Offizier, Christian von Pfuel. Dieser war weit gereist, hatte schon in Italien und den Niederlanden gekämpft und wartete nun auf den Befehl, die Stadt einzunehmen.

Als nun die Schlacht nahte, inspizierte von Pfuel am Vorabend des Angriffs noch einmal das Gelände. Als er nach der Inspektion wieder zu seinem Zelt kam, wurde das Gesicht der Schildwache vor dem Eingang leichenblass. Fragend schaute der Oberst den Mann an, der schweigend und mit angsterfüllten Augen auf das Innere des Zeltes wies. Dort sah von Pfuel sein Ebenbild, das an einem Tisch saß und Papier beschrieb. Vorsichtig näherte sich der Oberst von hinten seinem Ebenbild, schaute diesem über die Schulter und erblickte sein Testament. Als er dieses sah, verschwand die Erscheinung augenblicklich. Von Pfuel erkannte die Mahnung, setzte sich an den Tisch und schrieb seiner Familie im fernen Gielsdorf in der Mark-Brandenburg einen Abschiedsbrief.

Das Gesicht der Schildwache wurde leichenblass

Am nächsten Tage tobte ein erbitterter Kampf um das Städtchen. Als sich am Abend der Kampfeslärm gelegt hatte und man nach Toten und Verwundeten suchte, fand man den Körper des Obersten – eine Kanonenkugel hatte dem Mann den Kopf abgerissen.

 Was dahintersteckt:

Der Oberst von Pfuel

Die Familie von Pfuel kommt aus dem Mark-Brandenburgischen Gielsdorf. Die kleine Ortschaft ist im Jahr 1460 Werner Pfuel von Kurfürst Friedrich von Brandenburg zum Lehen gegeben worden. In der Gielsdorfer Kirche wird 1702 Christian Friedrich von Pfuel beigesetzt – jedoch nur sein Rumpf und seine Glieder, den Kopf hatte ihm eine französische Kanonenkugel weggerissen. In der Kirche von Jahnsfelde, das schon 1449 in den Besitz der Familie Pfuel gelangt, befindet sich ein Bild des Obersten. Auch eine Tafel befindet sich dort, mit einem Spruch, der wahrscheinlich von Friedrich de la Motte-Fouqué stammt.

Die
Kaiserpfalz

Italien hat und Niederland
den edlen Kämpfer oft geschaut.
In vieler wilder Schlachten Brand
hat er das Feld mit seinem Blut betaut.
Als letzter Kranz ward ruhmvoll ihm beschert
zu sterben, vorbewußt, in Kaiserswerth.

Den mit de la Motte-Fouqué befreundeten Chamisso soll die Geschichte des Obersten zu seinem Gedicht *Die Erscheinung* inspiriert haben.

Der Spanische Erbfolgekrieg und Kaiserswerth

Während des Spanischen Erbfolgekriegs zwischen 1701 und 1714 stehen sich der französische König Ludwig XIV. und Kaiser Leopold I. gegenüber. Beide melden Ansprüche auf das Erbe des letzten spanischen Habsburgers Karl II. an. Der bestimmt 1700 Philipp von Anjou, den Enkel Ludwigs XIV., zu seinem Nachfolger. Als dieser kurz danach stirbt, lässt der französische König seinen Enkel als Philipp V. zum spanischen König ausrufen und bestätigt dessen Ansprüche auf den französischen Thron. Eine solche Macht ruft Ludwigs Gegner auf den Plan: England, die Generalstaaten und der Kaiser schmieden die Haager Große Allianz, der sich die wichtigsten Territorien des Reiches und Portugal anschließen. Auf die Seite des französischen Königs stellen sich nur Maximilian II. Emanuel, Kurfürst von Bayern, und Joseph Clemens, Kurfürst von Köln. Dieser überlässt den Franzosen sein Besitztum Kaiserswerth. Kurfürst Jan Wellem, der aufseiten der Allianz steht, gelingt es, 44 Schiffe mit Lebensmitteln und Kriegsbedarf für die französischen Truppen in Grimmlinghausen abzufangen. Daraufhin zieht er mit kurpfälzischen Soldaten nach Kaiserswerth. In Lohausen vereinigt sich das Heer mit Truppen aus England, Holland und Brandenburg. Oberbefehl über die vereinten Truppen

Die Haager Große Allianz wird geschmiedet

hat Feldmarschall Fürst von Nassau-Saarbrücken. Am 15. April beginnt die Belagerung Kaiserswerths, und am 9. Juni kommt es zum Sturmangriff auf den Ostwall der Stadt. Dabei verlieren mehr als 3000 Männer ihr Leben, darunter auch 600 Brandenburger. Nach kurzer

Nur fünf Häuser haben den Beschuss überstanden

Waffenruhe, um die Gefallenen zu beerdigen, geht die Beschießung des Ortes weiter. Am 15. Juni lässt der französische Kommandant weiße Fahnen hissen, Übergabebedingungen werden unterzeichnet, und die Franzosen ziehen nach Venlo ab.

Den Belagerern wird jedoch eine vollkommen zerstörte Stadt übergeben, lediglich fünf Häuser haben den Beschuss unbeschadet überstanden. In der darauffolgenden Zeit nutzen die Kaiserswerther die Steine der zerstörten Kaiserpfalz zum Wiederaufbau ihrer Häuser.

Berühmter Begründer einer modernen Sportart

Ein Nachfahre des Obersten ist Ernst Heinrich Adolf von Pfuel. Geboren am 3. November 1779 in Jahnsfelde, macht er Karriere als Soldat. Von 1809 bis 1812 steht er in französischen Diensten, kämpft dann auf russischer Seite gegen Napoleon und verdingt sich ab 1814 beim preußischen Heer. Er ist u. a. Stadtkommandant von Paris und Kommandant von Köln. Für kurze Zeit, vom 21. September bis zum 1. November 1848, ist er preußischer Ministerpräsident und Kriegsminister. Er bekennt sich zu den Märzvereinbarungen und versuchte, möglichst schnell in Zusammenarbeit mit der preußischen Nationalversammlung eine Verfassung zu erlassen. Die Zuspitzung des Konfliktes zwischen der Krone und der Konstituante zwingt ihn zum Rücktritt. Von Pfuel steht zu einer liberalen und konstitutionellen Ausformung Preußens. Er stirbt am 3. Dezember 1866 in Berlin. Zeit seines Lebens fördert er das Schwimmen als Bestandteil der militärischen Ausbildung, lässt Schwimmhallen in Prag, Berlin und Magdeburg erbauen und gilt als Begründer des Brustschwimmens als Sportdisziplin.

Wittlaer

Weit im Norden von Düsseldorf, unmittelbar an der Grenze zu Duisburg, liegt der beschauliche Vorort Wittlaer. Der gepflegte Stadtteil, in dem knapp 8000 Menschen leben und der seit dem 1. Januar 1975 zu Düsseldorf gehört, ist Düsseldorfs reichster Stadtteil. Stattliche Villen, gepflegte Gärten und noble Autos prägen den Ort. Seine erste Erwähnung findet die kleine Ansiedlung im 12. Jahrhundert. Für Aufsehen sorgt sie zu Anfang des 18. Jahrhunderts, als eine Diebes- und Mörderbande im nahe gelegenen Dicken Busch ihr Unwesen treibt.

Die Siechenmörder um Peter Schieper

Im 17. und 18. Jahrhundert existieren im gesamten Heiligen Römischen Reich Deutscher Nation sogenannte Siechenhäuser. Hier werden, außerhalb der Städte, Kranke untergebracht, die unter lebensbedrohlichen, ansteckenden Krankheiten leiden – meist, um hier zu sterben. Aufgenommen werden sie jedoch nur, wenn sie über einen sogenannten Siechenbrief verfügen, eine Bescheinigung, dass sie krank sind und damit ein Anrecht auf die Zuwendungen eines solchen Siechenhauses haben. Dazu gehört auch, dass der Lebensunterhalt der Bewohner gesichert ist. Dies macht die Siechenhäuser auch für Arme und Vertriebene interessant, und nicht selten geschieht es, dass gegen eine geringe Bestechung der Verwalter eines Siechenhauses den Hilfesuchenden einen Siechenbrief ausstellt. Aber nicht nur Arme, Kranke und Bedürftige finden in den Häusern Aufnahme, häufig dienen sie auch als Versteck für Deserteure, Diebe und Mörder.

Kranke und Sterbende bekamen einen Siechenbrief

Zwei Siechenhäuser befinden sich auch in der Nähe der Stadt Düsseldorf. Das größere liegt an der Grenze zwischen Ratingen und Düsseldorf auf dem heutigen Weg Am Bauenhaus. Das kleinere steht im Dicken Busch, zwischen Heltorf und Froschenteich.

Zu Beginn des 18. Jahrhunderts mehrt sich in der Bevölkerung des Herzogtums Kleve-Jülich-Berg der Verdacht, dass sich in den Siechenhäusern bei Düsseldorf Kriminelle verstecken. Schon lange ist bekannt, dass viele der sogenannten Siechen sich ihr Geld mit dem Beutelschneiden verdienen, ihren Opfern den am Gürtel festgebundenen Geldbeutel abschneiden. Doch nun, im Jahr 1712, wird vermutet, dass die Verdächtigen auch etwas mit dem Verschwinden von Reisenden zu tun haben sollen.

Im größeren Siechenhaus nahe dem heutigen Rath wird Martin Pop gemeinsam mit seinen Mitbewohnern, dem Sohn Michael, seiner Frau Susanne, seinem Schwiegersohn Peter Neuhauß, dem „Zigeuner" Ruth Feth, Adam am Aap und dessen Frau, eines Doppelmordes aus dem Jahr 1708 überführt und zum Tode verurteilt. Währenddessen gerät im anderen Siechenhaus nahe Wittlaer Peter Schieper ins Visier der kurfürstlichen Justiz. Mit ihm leben in dem Siechenhaus auch noch seine Kinder Dierich, Christin und Elisabeth sowie die Brüder Görd und Andreas Friedrich – alle sechs keine Siechen. Bei den Ermittlungen bezichtigen die beiden Letzten Schieper und seinen Sohn eines vierzehn Jahre zurückliegenden Mordes. Dabei soll Schieper einem Reisenden im Siechenhaus Obdach gewährt haben, um ihn zu berauben und zu ermorden. Den tödlichen Hieb habe sein Sohn Dierich geführt. Gemeinsam mit den Schwestern Christin und Elisabeth hätten sie den Leichnam verscharrt und seine Besitztümer geteilt – wobei Peter Schieper als Initiator der Tat den größten Anteil bekommen haben soll.

Im Laufe der Befragungen, die auch unter Mithilfe der Folter ablaufen, stellt sich heraus, dass Peter Schieper mindestens vier

Vielen Kriminellen dienten die Siechenhäuser als Versteck

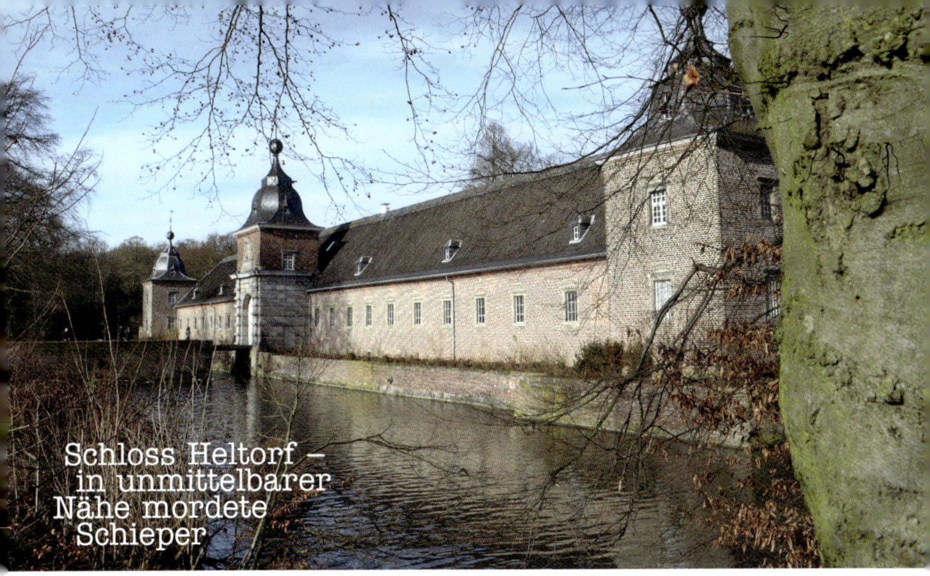

Morde selbst begangen hat und an mindestens vier weiteren Morden beteiligt ist. Auch sein Sohn Dierich gesteht vier Morde und die Mittäterschaft bei weiteren Morden. Vater und Sohn werden zum Tode verurteilt. Sie sollen gerädert werden, ihre Glieder gebrochen, das Fleisch mit glühenden Zangen auseinandergerissen werden. Auch die Brüder Friedrich, die bereitwillig alle Morde angezeigt und auch ihre Mittäterschaft zugegeben haben, um milder bestraft zu werden, werden zum Tode verurteilt.

Peter Schieper hatte mindestens vier Morde selbst begangen

Um der grausamen Verurteilung zu entgehen, stürzt sich Peter Schieper in einem unbewachten Moment eine Treppe hinunter, verletzt sich lebensgefährlich und stirbt kurze Zeit später. Sein Körper wird auf Befehl des Kurfürsten zur allgemeinen Abschreckung auf dem Rad vor den Toren der Stadt, nahe dem heutigen Schadowplatz, ausgestellt.

Die Täter beider Siechenhäuser kennen sich untereinander und werden bei der Bevölkerung unter dem Namen „Die große Siechenbande" bekannt. Die öffentlichen Hinrichtungen finden in der Nähe des heutigen Schadowplatzes unter den Augen Hunderter Schaulustiger statt.

Gerresheim

Schon in der Jungsteinzeit siedeln auf dem Gebiet des heutigen Gerresheim Menschen. Erste Zeugnisse belegen die Gründung eines Frauenstiftes durch den Adeligen Gerrich im Pillebachtal. Schnell entwickelt sich die kleine Ansiedlung rund um das Stift zu einem kirchlichen und kulturellen Zentrum der Gegend mit wechselvoller Geschichte. Der Ort wird im 10. Jahrhundert von Ungarn überfallen und im 13. Jahrhundert zur Stadt erhoben. Er wird in die Wirren des Truchsessischen Krieges hineingezogen und während des Dreißigjährigen Krieges mehrmals von protestantischen Truppen geplündert. Danach entwickelt sich Gerresheim zu einem Wirtschaftszentrum, bevor es im 18. Jahrhundert in einen Dornröschenschlaf fällt, aus dem es erst wieder durch den Industriellen Ferdinand Heye gerissen wird. Mit dem Bau seiner Glashütte 1864 macht er aus Gerresheim einen bedeutenden Industriestandort, der Menschen aus vielen Teilen Europas anzieht.

Der Wettsprung mit dem Teufel

Es sollen wohl tausend oder mehr Jahre her sein, da wohnte nahe des heutigen Gerresheim ein Mann mit Namen Gerricus. Das Schicksal hatte es gut gemeint mit ihm. Er war mit dem Kaiser gegen die Heiden zu Felde gezogen und hatte von diesem für seine Verdienste viel Land geschenkt bekommen. Der vom Glück Begünstigte genoss sein Leben. Er ging auf die Jagd, feierte, aß und trank, wie es ihm gefiel. Dann aber starben in kurzer Zeit hintereinander seine Frau und sein Sohn – einzig seine Tochter Reginberga blieb ihm. Als diese jedoch eines Tages ihrem Vater aus dem Keller Wein holen sollte, stürzte sie derart schwer die Treppe hinab, dass sie missgestaltet blieb. Von derartigen Schicksalsschlägen heimgesucht, verging dem edlen Gerricus die Freude am Leben – es wurde still in der zuvor so lebensfrohen Burg.

> stürzte sie schwer die Treppe hinab, dass sie missgestaltet blieb

„Was soll ich nun machen, wo ich keinen Sohn mehr habe, dem ich all mein Gut vermachen kann, und mir nur eine Tochter blieb, die nun niemand mehr zur Frau haben will?"

Er beschloss von seinem Gelde ein Kloster bauen zu lassen, dessen erste Äbtissin seine Tochter werden sollte.

Als dieses fertiggestellt war, kamen von überallher die Menschen, um dort das Wort Gottes zu vernehmen, und bald schon stellte sich heraus, dass die kleine Michaelskapelle des Klosters zu klein für die Gottesdienste war. Gerricus befahl, eine Klosterkirche zu bauen. Geld dafür glaubte er noch genug zu haben. Doch als die Kirche kaum etwas mehr als halb fertig war, war's mit seinem Geld zu Ende. Und er wusste nicht, ob das mit rechten Dingen zuginge oder nicht. Als er nun so betrübt dastand und die halbe Kirche ansah, kam ein großer schwarzer Herr dahergehinkt. Der sprach zu Gerricus: „Wenn du willst, dass ich dir bauen helfe, so ist die Kirche in ganz kurzer Zeit fertig." Freudig nahm Gerricus das Angebot an, und bald schon war der mächtige Kirchbau beendet. Der Schwarze trat aber schon bald an den Edlen heran und sagte: „Ich vermag das ewige Geläut und Gebet nicht mehr hören. Eine Herberge will ich aus dem Gebäude machen, auf dass dort getanzt, getrunken und gefeiert wird."

„Wer am weitesten springt, dem soll die Kirche gehören"

„Daraus wird nichts", erwiderte Gerricus, „das Gebäude bleibt ein Haus Gottes!"

„Dann lass uns um die Wette springen. Wer am weitesten springt, dem soll die Kirche gehören", schlug daraufhin der Schwarze vor.

Nun war Gerricus sein Leben lang ein gewaltiger Läufer und Springer gewesen. Und als er sich den Fremden mit den dünnen Stöckskesbeinen und dem Hinkefuß ansah, dachte er, den möge er leicht überspringen können, und ging auf den Handel ein.

So stiegen Gerricus und der Schwarze in den Turm, da, wo die Glocken hingen, um zu springen, wie es ausgemacht war.

Als nun aber der Schwarze seine Stulpstiefel auszog, da zeigte sich, dass er an dem einen Bein einen Pferdefuß und an dem an-

deren eine Bocksklaue hatte. Da erschrak Gerricus heftig, denn er merkte, dass er einen Handel mit dem Teufel eingegangen war.

Der aber tat unterdessen einen gewaltigen Anlauf durch die Glockenkammer. Doch weil er „Höhenpech" an den Füßen hatte, blieb das Glockenseil an den Klauen kleben, verwickelte sich und riss die größte Glocke von dem Stuhle mit aus dem Turme. Die schwere Glocke aber zwang den Teufel von seinem Sprung alsbald zu Boden. Mit einem gräulichen Fluche fuhr er gleich hinter der Kirche in einen Sumpf hinab, und wo er zur Erde kam, war ein großes Loch entstanden, das sich sogleich mit schwarzem, brackigem Wasser füllte.

ein Handel mit dem Teufel

Unterdessen aber hatte Gerricus gebetet, wie er noch nie in seinem Leben gebetet hatte. Endlich aber tat auch er den Sprung, und er flog weit, viel weiter als der Teufel, bis er hinten am Balderberg wieder zur Erde kam. Auch da entstand ein Loch, aber ein feines und tiefes, das sich mit sonnenklarem Wasser füllte. Gerricus hatte die Wette und somit den Besitz der Kirche gewonnen. Der Teufel aber hat seitdem nie wieder eine Kirche bauen helfen wollen.

 Was dahintersteckt:

Das Gerricus Pützgen

Geht man an der Kirche St. Margareta links vorbei, also in westlicher Richtung, so gelangt man an eine kleine, weiß geschwemmte Kapelle. Sie markiert den Ort, an dem der Sage nach der selige Gerricus bei seinem Sprung gelandet sein soll und an dem daraufhin eine klare Quelle entsprang. In der Tat hat es hier wohl schon vor den Zeiten des Gerricus eine Quelle gegeben, die von den Heiden verehrt wurde. Ihr Wasser soll gegen Augenkrank-

Gedenktafel für die Opfer des Stolleneinsturzes

heiten geholfen haben. Ihre Heilkraft wird zum ersten Mal im 15. Jahrhundert erwähnt.

Dem Häuschen schräg gegenüber lag lange Zeit ein sumpfiges Gebiet. Dieses wurde nach dem Zweiten Weltkrieg mit Trümmern des Ortes aufgeschüttet. Auf der so entstandenen Fläche wurde die heutige Sportanlage gebaut.

An der Seite der kleinen Kapelle befindet sich heute eine Gedenktafel für die Opfer eines Bombenangriffes im Zweiten Weltkrieg. Viele Bürger Gerresheims suchen damals in den Stollen der Gerresheimer Sandberge Schutz vor den alliierten Angriffen. Bei einem wird ein solcher Stollen zerstört und begräbt die Menschen unter sich.

Die prominentesten Schutzsuchenden sind sicherlich „Jan Wellem" und der „Gießerjunge" Grupellos. Bald nach den ersten Bombardierungen Düsseldorfs hat die Stadt die Standbilder der beiden in die Stollen von Gerresheim in Sicherheit gebracht.

Das Geheimnis der Gebeine von Gerresheim

In der Basilika St. Margareta befinden sich neben den sterblichen Überresten des Gerricus auch Reliquien des heiligen Hippolyt. Die Gebeine des römischen Märtyrers aus dem 3. Jahrhundert n. Chr. hatte der Stiftsgründer erworben. Als die Ungarn im Jahr 919 in Gerresheim einfallen, fliehen die Stiftsdamen nach Köln und nehmen die Gebeine Hippolyts mit.

Zusammen mit den Gebeinen von drei anderen Heiligen werden sie 1871 in einen neugotischen Schrein gelegt, der 1953 nach Gerresheim kommt.

Die Reste des heiligen Hippolyt werden 1959 in einen modernen Schrein gelegt.

Weil dieser nicht mehr zum Ambiente des Altarraums passt, des Öfteren sogar mit einem Tabernakel verwechselt wird, werden die Gebeine 2006 wieder in den alten Schrein umgebettet. Dort sollen sich, laut Inventarliste, die Gebeine von drei Heiligen, in Seidentücher verpackt, befinden sowie drei weitere Knochenpäckchen. Als jedoch der versiegelte Schrein geöffnet wird, entdecken die Anwesenden ein weiteres Päckchen, dessen Herkunft unbekannt ist. Es wird später in den Aeterius-Schrein der St.-Ursula-Kirche in Köln gebracht. Die Überreste Hippolyts werden zurück in den alten Schrein gelegt, der wieder versiegelt wird.

Heute befindet sich der Schrein im rechten Seitenschiff der Basilika.

Sarkophag des Gerricus

Die verführte Nonne von Gerresheim

Viele Jahre nach der Gründung des Klosters zu Gerresheim betrug es sich, dass dort eine junge Nonne lebte. Diese hörte auf den Namen Gunhilde und war ein hübsches, anmutiges Mädchen.

Eines Tages begegnete sie einem jungen Priester, der in der benachbarten Pfarrkirche das Gotteslob predigte. Als er ihrer gewahr wurde, entflammte sein Herz aus Leidenschaft. Immer wieder suchte er die Nähe der jungen Frau, versuchte sie aus dem Kloster fortzulocken, doch widerstand Gunhilde zunächst seinen Lockungen. Wieder und wieder flehte der junge Mann sie an, versprach ihr sogar, seinem geistlichen Stand zu entsagen und sie zu heiraten. Da war es um die junge Frau geschehen. Seinen Versprechungen glaubend, verließ sie in aller Heimlichkeit die schützenden Mauern des Klosters. Als sie in die Arme des jungen Priesters sank, bedrängte dieser sie und versuchte sie zu küssen. Doch Gunhilde erinnerte ihn an sein Versprechen. Bevor er sie nicht heiratete, würde sie sich ihm nicht hingeben. Der junge Mann aber hatte nie daran gedacht, Gunhilde zu heiraten, seine Versprechungen waren nur Lug und Trug. Gunhilde floh den Treulosen. Dieser begann daraufhin ein sündiges Leben zu

Da war es um die junge Frau geschehen

führen. Er vernachlässigte seine Pflichten, zechte, hurte und ver-
fiel der Spielsucht. Schließlich schloss er sich einer Diebesbande
an, wurde eines Tages von den Häschern des Herzogs verhaftet
und zum Tod am Galgen verurteilt.

Gunhilde aber hatte sich die ganze Zeit über im Gerresheimer
Forst versteckt gehalten. Zwar hatte sie dem Drängen des jungen
Verführers nicht nachgegeben, doch würde sie in den Augen der anderen trotzdem als Sünderin dastehen. Nun, da der sündige Priester
hingerichtet worden war, nahm sie all ihren Mut zusammen und
begab sich zum Kloster, das zuvor ihre Heimat gewesen war.

Als die Äbtissin ihr die Pforte öffnete, fiel sie vor dieser auf die
Knie: „Herrin, ich bin nur eine pflichtvergessene und reuige Dienerin Gottes, die viel gesündigt hat. Doch ich bitte Euch, vergebt mir und nehmt mich wieder in Eurem Hause auf!"

„Was redest du da, meine Tochter?"

Verwundert schaute die Äbtissin sie an. „Was redest du da,
meine Tochter? Hat das Fasten deine Sinne vernebelt? Warum be-
schuldigst du dich? Betest du nicht tagein, tagaus mit heller, reiner

Der Gerresheimer Wald

Stimme zu Gott dem Herrn? Wir alle haben dich ihn immer wieder preisen gehört. Keine gottgefälligere Nonne als dich gibt es."

**Gott hatte
ihr längst
verziehen**

Verwundert ließ Gunhilde sich von der Äbtissin bis vor
ihre Kammer leiten. Was hatte all dies zu bedeuten? Als sie
in diese eintrat, sah sie auf ihrem Bett einen wunderschönen
Engel. Der lächelte sie an und verschwand durch die Kloster-
mauern. Da begriff sie, dass Gott ihr längst verziehen hatte.

Was dahintersteckt:

Frauenstift und Kloster

Das Gerresheimer Frauenstift war ein freiweltliches Damenstift.
Die dort residierenden Frauen hatten kein Gelübde abgelegt. Es
stand ihnen frei, das Stift zu verlassen, um zu heiraten. Bei der
Nonne Gunhilde müsste es sich von daher wohl um eine Nonne
des 1465 in Gerresheim gegründeten Katharinenklosters handeln,
das bis 1834 von Franziskanerinnen bewohnt wurde.

Eine zerstörerische Liebe

Die wohl berühmteste Bewohnerin des Gerresheimer Stiftes
war sicherlich Agnes von Mansfeld, die Auslöser eines insgesamt fünf Jahre dauernden Krieges war, der weite Teile des Nie-
derrheins verwüstet. 1577 ist Gebhard Truchseß von Waldburg
zum Erzbischof von Köln gewählt worden. Dieser lässt sich, so
die Geschichte, durch den Italiener Hieronymus Scotti einen Zau-
berspiegel herstellen, in dem er das Bildnis der schönsten Frau
erblicken soll. Ihm erscheint das Bildnis der Agnes von Mansfeld,
die zu dieser Zeit wegen des Peterstages nach Köln gekommen
ist. Als der Kurfürst die junge Frau am darauffolgenden Tag bei
der Prozession erblickt, verliebt er sich sofort in sie. Auch sie ist
seinem Werben nicht abgeneigt, und so lässt der Truchsess sie

aus dem Stift entführen. Der Katholik Gebhard, seines Zeichens Erzbischof, tritt im Dezember 1582 zum reformierten Glauben über, um so am 3. Februar 1583 Agnes von Mansfeld heiraten zu können. Der deutsche Kaiser spricht daraufhin die Reichsacht über ihn aus, statt seiner wird der streng katholische Herzog Ernst von Bayern zum Erzbischof von Köln gewählt. Der Truchsess ist zwar gewillt, auf das Amt des Erzbischofs zu verzichten, Kurfürst aber will er bleiben. Es kommt zum Truchsessischen Krieg, an dessen Ende Gebhard geschlagen nach Straßburg flieht.

Es kommt zum Truchsessischen Krieg

Gunhilde aus Grefrath

In Zuccamaglios Werk *Die Vorzeit Der Lander Cleve-Mark, Julich-Berg Und Westphalen* kommt die Geschichte Gunhildes ebenfalls vor. Jedoch spielt sie hier nicht in Gerresheim, sondern in Grefrath. Gunhilde ist die Tochter des Vogtes von Angermund.

Die Tochter des Vogtes von Angermund,
Gunhilde sie war geheißen,
die machte mit Blicken viel Herzen wund,
und edle Freier die gaben sich kund
in Worten und minnigen Weisen;
Jedoch Gunhild,
so zart und mild
mit gar holdseligem Wesen,
schon hat den Bräut´gam erlesen.
„Mein Liebster, der ist Herr Jesu Christ,
der Holde, der Ewigtreue!"

Hier hat der verführerische Pastor auch einen Namen, Goswin. Ihm gelingt es, Gunhilde zu überreden, seinetwegen das Kloster zu verlassen.

Der Pater Goswin, ein üppiger Mann,
der hörte zur Beichte die Nonnen;
Gunhildens Liebreiz ihn alles umspann,
daß bald er sie zu verführen nur sann;

Zusammen fliehen sie. Und im Gegensatz zur Gerresheimer Version lässt sich Gunhilde auf Goswin ein, gibt sich ihm hin und verbringt mit ihm mehrere Jahre in Sünde.

Die Flucht gar fern in ein fremdes Land
sie war den beiden gelungen;
Dort lebten sie lange in Sünd und Schand,
kein Priester segnet das Liebesband,
mit dem sie der Böse umschlungen.

Goswin schließt sich auch hier der Räuberbande an, während sich Gunhilde mit Betteleien am Leben hält. Goswin wird hier nicht zum Tode verurteilt, über sein Schicksal wird sich ausgeschwiegen. Gunhilde jedoch kehrt reumütig in das Kloster zu Grefrath zurück. Ihre jammervolle Erscheinung führen die Nonnen auf das Fasten und die Selbstkasteiung zum Wohle Gottes zurück. Gunhilde wird in ihre alte Klosterzelle gebracht, in der Maria durch ein Bild mit ihr spricht:

Goswin wird hier nicht zum Tode verurteilt

Du hast mich verlassen, geliebtes Kind,
doch hast du mich wiedergefunden!
Lieb macht für Fehler der Liebenden blind,
die Schulden dir alle entlassen sind
und geheilet der Reue Wunden!
ein Engel hat
an deiner statt
bisher in der Zelle gewohnet –
so wird dir die Liebe gelohnet.

Hubbelrath

Das im Osten gelegene Hubbelrath wird am 1. Januar 1975 nach Düsseldorf eingemeindet und ist der flächenmäßig größte Stadtteil, obwohl aufgrund eines Ratsbeschlusses vom 13. Februar 2014 der Bereich Knittkuhl von Hubbelrath abgespalten wird. Knittkuhl bildet heute einen eigenen, den fünfzigsten Stadtteil Düsseldorfs. Die Geschichte Hubbelraths reicht weit bis ins frühe Mittelalter zurück: Ein Mann namens Hupold lässt vermutlich im 8. Jahrhundert ein Stück Land roden, um darauf einen Hof zu bauen – woraus sich der Name Hupoldsroth, die Rodung des Hupolds, ableitet. Der Stadtteil ist stark ländlich geprägt, und Geschichten rund um Ernte, Saat und Vieh gehören fest zum Stadtteil.

Die sieben weißen Jungfrauen

In Hubbelrath lebte einst ein junger Knecht, der immer fröhlich und gut gelaunt seine Arbeit verrichtete. Als er eines Morgens hinaus auf das Feld ging, um Klee zu mähen, hörte er ein leises Zwitschern. Er hielt inne und schaute sich suchend um, konnte aber nichts entdecken. So fuhr er fort. Kaum aber hatte er die ersten Schnitte mit der Sense gemacht, vermeinte er wiederum das Zwitschern zu hören. Erneut hörte er mit dem Mähen auf und suchte nach der Ursache des Geräusches.

Und tatsächlich, ganz in der Nähe entdeckte er ein Vogelnest mit sieben weiß gefiederten Jungen, die gar erbärmlich zwitscherten, als flehten sie um ihr Leben.

Er beschloss, sie am Leben zu lassen, bis sie flügge würden

Die kleinen Wesen taten dem fröhlichen Bauernburschen so leid, dass er beschloss, sie am Leben zu lassen, bis dass sie flügge würden. So ließ er den Klee an der Stelle stehen und begab sich an das andere Ende des Ackers. Da hörte er hinter sich ein Rascheln und Schwirren. Als er sich umsah, erblickte er sieben weiß gekleidete Jungfrauen aus dem Vogelnest steigen. Diese winkten ihm freundlich zu, dankten ihm für seine edle Tat und verschwanden im nahe gelegenen Wald.

Vennhausen

Südöstlich der Düsseldorfer Innenstadt liegt der Stadtteil Vennhausen, der gemeinsam mit Gerresheim 1929 nach Düsseldorf eingemeindet wird. Das Moor, denn nichts anderes bedeutet das norddeutsche Wort Venn, gibt dem Ort seinen Namen. Das sumpfige Gebiet wird erst spät und dann auch nur zögerlich besiedelt, sodass die Geschichte des Ortes eine vergleichsweise kurze ist. Moore üben von jeher eine schaurige Faszination auf den Menschen aus. Oft werden Geheimnisse hinter den Nebeln der Moore vermutet, Wanderer verirren sich in ihnen und verschwinden, um Jahrhunderte später als wohlkonservierte Moorleichen gefunden zu werden. Eine mysteriöse Gegend, in der der Glaube an Übernatürliches greifbar ist.

Die Butterhexe

In einem Bauernhof unweit des heutigen Vennhausen lebte vor langer Zeit eine Bäuerin. Jeden Tag ging sie auf ihre Felder, säte und erntete, was die Erde hergab, versorgte ihre Hühner, fütterte die Schweine und molk die Kühe.

Und als sie eines Morgens wieder einmal auf dem Hof die beiden Kühe molk, aus deren Milch sie am Abend Butter machen wollte, da kam ihre Nachbarin vorbei. Sie war eine bösartige alte Frau, von der niemand so richtig wusste, was sie tat, um sich ihren Lebensunterhalt zu verdienen. Hinter vorgehaltener Hand wurde getuschelt, die Alte sei eine Hexe, vor der man sich in Acht nehmen musste. Als diese sich nun dem Hof näherte, wurde es der Bäuerin ganz anders. Schweiß lief ihr den Nacken hinunter, sie begann zu zittern, wollte ins Haus, konnte aber ihren Blick nicht von der Alten abwenden. Diese starrte beschwörend auf die gemolkene Milch und bewegte dazu die Lippen. Nach einiger Zeit ging sie von dannen, und die Starre der Bäuerin löste sich wieder. Erleichtert stand sie auf, nahm die Milch und eilte schnell ins Haus.

Sie war eine bösartige alte Frau

Als sie am Abend Butter machen wollte, war es wie verhext: Trotz aller Mühe wollte sich im Butterfass kein Rahm bilden – die Frau stand vor einem Rätsel.

Da erinnerte sie sich an die Geschehnisse des Morgens, an die seltsamen Blicke der Alten, ihr stummes Gemurmel.

Schnell schloss sie alle Türen und Fenster und kochte etwas von dem Rahm der scheinbar verhexten Milch auf und füllte die zähe Flüssigkeit in eine flache Schüssel. Daraufhin nahm sie zwei Messer und schnitt mit diesen kreuzweise durch die Masse. Sofort hörte sie in der Nachbarschaft schmerzhafte Schreie. Die Bäuerin fuhr fort. Da erschien die Nachbarin vor ihrem Fenster, das Gesicht blutüberströmt. Überall hatte sie kreuzförmige Schnitte auf ihrer schmerzverzerrten Fratze. Sie flehte die Bäuerin an, mit ihrem Tun aufzuhören, doch diese machte weiter und hörte nicht eher auf, bis die Alte feierlich beim Leibhaftigen schwor, nie wieder ihren Nachbarn schaden zu wollen.

das Gesicht blutverschmiert

Was dahintersteckt:

Der Hexenkotten

Diese Geschichte spiegelt sich auch heute noch im Düsseldorfer Stadtbild wider. Der Hof der Bäuerin wird nach den Vorfällen „das Butterhöfchen" genannt. Er existiert noch in den 1940er-Jahren. Das Haus der Nachbarin heißt seit den Geschehnissen „der Hexenkothen". Peter, der 1801 in dem Haus geboren wird, wird bis zu seinem Tod mit 81 Jahren nur „et Pitterke vom Hexekothe" genannt. Bei der Eingemeindung nach Düsseldorf 1909 lässt die Stadt dort das Straßenschild Am Hexenkothen anbringen – sehr zum Missfallen des damaligen Pfarrers von Unterbach. Der fürchtet, seine Gemeinde könne dadurch in Verruf geraten. Eines Morgens dann ist das Schild mit Teer überstrichen und verschwindet schließlich gänzlich.

Vom Hexenwahn

Solche Geschichten von Hexen, die ihre Nachbarn peinigen, ganze Dörfer terrorisieren und in aller Öffentlichkeit mit dem Teufel paktieren, gibt es in Europa bis weit ins 18. Jahrhundert. Und bis weit ins 18. Jahrhundert versucht die Obrigkeit, diese Hexen festzunehmen und zu verurteilen.

Bis zum 11. Jahrhundert wird Zauberei mit Kirchenbußen bestraft. Mit der dann aufkommenden Inquisition als Instrument der Ketzerverfolgung setzt sich auch für die Zauberei die Todesstrafe durch. Im *Sachsenspiegel,* einem Gesetzeswerk, das ca. 1225 verfasst wird, steht auf Ketzerei und Zauberei die Feuerstrafe. Mit der Bulle Papst Johannes' XXII. *Super illius specula* aus dem Jahr 1326 werden die Inquisitionsprozesse zum Mittel gegen die Zauberer. Erste berühmte Opfer dieser Handhabung sind 1431 Jeanne d'Arc und 1435 Agnes Bernauer. Die Päpste Martin V. und Alexander V. beauftragen die Inquisition zu Beginn des 15. Jahrhunderts mit der Verfolgung von Zauberern im Gebiet zwischen der Rhône und den Alpen. Tausende werden daraufhin hingerichtet. In Deutschland beginnt die systematische Hexenverfolgung mit der Abfassung des sogenannten *Hexenhammers.* Damit die Inquisition in den Augen der Bevölkerung als sinnvolle Institution erscheint, wird im 16. Jahrhundert die öffentliche Denunziation in das Pro-

Tausende werden hingerichtet

zessverfahren aufgenommen, ebenso Hexenprobe und Folter. Mit Zulassung der Denunziation entwickeln die Hexenprozesse eine Eigendynamik. Sind sie lange Zeit Mittel kirchlicher Rechtsprechung, so gehen sie nun immer mehr in die Hände der weltlichen Gerichte über. Dabei geraten zusehends Frauen in den Fokus der Gerichtsbarkeit. Heilkundige, Hebammen, Köchinnen und als asozial geltende Alleinstehende werden vermehrt für Schadenszauber verantwortlich gemacht. Sie alle sind mit dem Teufel im Bunde. Auf der Suche nach „Komplizen" werden verhaftete Hexen gefoltert und geben schnell Namen preis – unliebsame Konkurrenten, Nebenbuhlerinnen oder missliebige Nachbarn werden häufig als Hexer oder Hexe abgestempelt und ihrer „verdienten" Strafe, der Verbrennung, zugeführt.

Hexenprozesse werden zu keiner Zeit kritiklos hingenommen. Früh schon wird zunächst nur diese spezifische Form des Strafprozesses kritisiert, mit zunehmender Aufklärung wird auch der Hexenglaube immer mehr infrage gestellt. Es kommt zu Schriften gegen den immer stärker werdenden Hexenwahn. Neben dem Arzt Johannes Weyer, den Jesuiten Adam von Tanner und Paul Laymann ist es vor allem der aus Kaiserswerth stammende Friedrich Spee von Langenfeld, der in seiner *Cautio Criminalis* die Unmenschlichkeit und Rechtswidrigkeit der Hexenprozesse verurteilt. Im Jahr 1714 ergeht ein Edikt König Friedrich Wilhelms I. von Preußen, welches die Beendigung der Hexenprozesse einleitet. Schon recht früh, im Jahr 1610, fand in den Niederlanden der letzte Hexenprozess statt, in England 1684, in Frankreich erst im Jahr 1745 und in Deutschland 1775. Der letzte Hexenprozess am Niederrhein findet im Jahr 1737/38 im heutigen Düsseldorfer Stadtteil Gerresheim statt. Schätzungen zufolge forderte der Hexenwahn in Deutschland ca. 25.000 Todesopfer. Während im nahe gelegenen Kurköln viele Frauen

1610 fand in den Niederlanden der letzte Hexenprozess statt

Friedrich Spee
von Langenfeld
auf dem Grabmal
an St. Suitbertus
in Kaiserswerth

als Hexen verbrannt werden, sind aus dem heutigen Düsseldorfer Gebiet nur zwei Fälle bekannt: In Angermund werden 1499/1500 Yrmen und Sybilla Neckels als Hexen verbrannt. 1737/38 kommt es dann zum Hexenprozess gegen Helene Curtens und Agnes Olmans.

Helene Curtens und die letzte Hexen- verbrennung am Niederrhein

Im Jahr 1737 werden die beiden Frauen Helene Curtens und Agnes Olmans aus Vennhausen in Gerresheim der Hexerei angeklagt. Ihnen wird vorgeworfen, Hexen zu sein, Devotionalien gefälscht, Wunder vorgetäuscht und Hostien geschändet zu haben.

Das kleine Städtchen in unmittelbarer Nachbarschaft zur ehemaligen Residenzstadt Düsseldorf hat zu dieser Zeit um 450 Einwohner und steht als Teil von Jülich-Berg unter pfalz-neuburgischer Herrschaft.

Düsseldorf hat zu dieser Zeit 450 Einwohner

Kurfürst Karl-Philipp, der Bruder des 1716 kinderlos verstorbenen Jan Wellem, verlegt seine Residenz zunächst von Düsseldorf nach Heidelberg, 1720 nach Mannheim. Als Regent besucht er das Rheinland nie. Dennoch geht er in seinen Besitztümern hart gegen Randgruppen und umherziehende Menschen wie Ju-

den, Zigeuner und Bettler vor – eine spürbare Verschärfung der Strafverfolgung.

Zu ebendieser Zeit leben an dem Stockengathen in Vennhausen die 15-jährige Helene Curtens und ihre Nachbarin, die 48-jährige Agnes Olmans. Diese wohnt dort zusammen mit ihrem Mann und den beiden Töchtern, deren ältere Sybille heißt, seit zwei Jahren.

Wie es zur Verhaftung der beiden Frauen genau kommt, ist nicht ganz schlüssig. Helene Curtens leidet jedoch scheinbar unter regelmäßigen Tobsuchtsanfällen, bei denen die zierliche, „70½ Pfund schwere Frau" von einem erwachsenen Menschen kaum bezwungen werden kann. Curtens Vater reist mit ihr wegen der Krankheit mehrfach zum niederrheinischen Wallfahrtsort Kevelaer, um dort für seine Tochter Heilung zu erlangen – eine Heilung, die immer nur kurzfristig einsetzt. Als Zeichen ihrer Heilung bringt Helene Tücher mit, in welche Zeichen von Geistern eingebrannt gewesen sein sollen, so sagt das Mädchen. Krankheiten wie die von Helene erwecken im Umfeld schnell den Verdacht, der Mensch sei vom Bösen befallen, paktiere gar mit dem Teufel und sei eine Hexe.

der Mensch sei vom Bösen befallen

1737 ist der Richter des Amtes Mettmann mit Sitz in Gerresheim Johann Sigismund Schwarz, der an der Kölner Universität Rechtswissenschaften studiert hat und dort auch promoviert. Auf seine Veranlassung hin wird Helene Curtens nach Denunziationen aus dem Umfeld des Mädchens verhaftet. Er nimmt auch die ersten Verhöre der jungen Frau vor. Darin sagt sie aus, dass sie Gott abgesagt und sich nun dem Teufel verschworen habe, der ihr in Gestalt eines schwarzen Mannes mit Pelzmütze und breiten Schuhen erschienen sei. Immer wieder sei sie mit ihm zusammen gewesen, und dies mit vollem Bewusstsein. So sehr sei sie dem Teufel verfallen gewesen, dass es ihr viermal bei der heiligen Kommunion nicht gelungen sei, die Hostie hinunterzuschlucken, sagt sie aus. Stattdessen habe sie diese in die Schweinespültonnen oder aber die Kuhkrippe gespuckt. Eines der Tücher, die sie aus Kevelaer mitgebracht habe, habe ihr der Teufel gegeben, drei andere habe sie von ihrer Nachbarin Agnes Olmans erhalten. Mit dem Teufel zusammen will sie in die Luft geflogen sein, habe dabei durch die Fenster des Pastorats in das Innere des Gebäudes geschaut und die Mägde beim Gespräch belauscht. Auch in das Dern'sche Haus habe sie so hineingeschaut und die Tochter des Hausherrn dort beobachtet. Als diese sowie die Mägde des Pastors zu der Sache befragt werden, decken sich ihre Aussagen über das Gesagte mit den Aussagen Helene Curtens'. Laut Prozessakten macht Helene diese Aussagen freiwillig, muss nicht gefoltert werden. Eine Zeugin aus dem nahen Strohenhäusgen sagt unter Eid aus, dass sie die Angeklagte am Giebel des Hauses habe senkrecht an der Wand hängen sehen, ohne dass deren Füße gestützt worden wären.

habe sie senkrecht an der Wand hängen sehen

Schwarz lässt Helene mehrere Tage in einen finsteren Keller sperren, um weitere Tobsuchtsanfälle zu verhindern, doch zeigt dies keine nachhaltige Wirkung. Auch der Versuch, ihr den Teufel durch das Abschneiden sämtlicher Haare und die Anfertigung neuer Kleider auszutreiben, ist vergeblich.

Bei ihrem Verhör hat Curtens auch ihre Nachbarin des Teufelspaktes beschuldigt. Agnes Olmans, deren Mutter schon unter dem Namen „Zaubergreth" im Ruf der Hexerei stand, hat in den vergangenen Jahren mit ihrer Familie häufig den Wohnort wechseln müssen. Oft konnten Pachtzahlungen nicht geleistet werden, und die Familie musste weiterziehen. Zwei Jahre lebt die Familie 1737 schon in Vennhausen, doch machte sie ihre Vergangenheit für die Nachbarschaft verdächtig.

Was auch immer ihre Beweggründe sind, Helene Curtens bezichtigt Olmans der Hexerei. Sie habe von ihr einen Apfel erhalten, nach dessen Verzehr ihr sogleich übel geworden sei. Auch habe sie sich vor ihren Augen im Pastorat mithilfe des Teufels in eine Katze verwandelt. Als Olmans vor Gericht am ganzen Körper untersucht wird, findet Schwarz an ihrem Oberschenkel einige dunkle Flecken, welche er als verdächtige Hexenzeichen ansieht.

Doch nicht nur Agnes Olmans wird der Hexerei bezichtigt, auch ihr Mann und die beiden Töchter. Die ältere der beiden soll lebende Hasen und Gluckhennen aus ihrem Schürzentuch hervorgezaubert haben. Die jüngere Tochter gesteht, Mäuse herbeizaubern zu können – ein Geständnis, das sie unter Tränen beim nächsten Verhör widerruft.

Auch Olmans Mann, ebenfalls der Hexerei angeklagt, bezichtigt seine Frau der Hexerei. Möglicherweise wird ihm diese Aussage durch Folter abgepresst. Gemeinsam wird den Eltern zur Last gelegt, ihre Töchter zur Zauberei verführt zu haben. Zudem stehen sie unter Verdacht, eine weitere Tochter ermordet zu haben.

Olmans selbst gesteht nach Befragung und Folter, dass sie seit

Olmans gesteht unter Folter

Oktober 1736 mit dem Teufel im Bunde sei und sich diesem für sechs Jahre verschrieben habe. Auch gibt sie an, diesen gebeten zu haben, Helene Curtens mit einer Krankheit zu bestrafen, da diese sich über ihre eigene Tochter lustig gemacht habe.

Richter Schwarz übergibt nach den erfolgten Vorarbeiten den Prozess an einen Hofrat zu Düsseldorf. Dieser will, gestützt auf die Jülich-Bergische Rechtsordnung von 1555, eine Wasserprobe durchführen. Dabei werden der Verdächtigen die Glieder kreuzweise hinter dem Rücken zusammengebunden. Dann wird diese, teilweise noch an einen Holzbalken gefesselt, ins Wasser geworfen. Bleibt die Verdächtige über Wasser, gilt sie als Hexe und wird dem Feuer übergeben; ertrinkt sie, ist sie unschuldig. In beiden Fällen aber stirbt sie.

Da jedoch eine solche Vorgehensweise in den umliegenden Ländern mittlerweile verboten ist, sieht auch der Richter letztendlich von der Wasserprobe ab. Die inzwischen gefundenen „Beweise" für die Hexerei, eine verdächtige Salbe und versteckte Papiere, sowie die Aussagen der Angeklagten und Zeugen reichen für eine Verurteilung Agnes Olmans'. Nachdem Kurfürst Karl Philipp von Pfalz-Neuburg das Urteil bestätigt, werden Helene Curtens, Agnes Olmans und deren Ehemann am 19. August 1738 auf der Hardt bei Gerresheim verbrannt. Die beiden Töchter der Familie bleiben verschont.

Die beiden Töchter bleiben verschont

Was dahintersteckt:

Der Richter

Der Richter Johann Sigismund Schwarz ist keineswegs unvoreingenommen bei dem gesamten Prozess. Er macht gegenüber einem Düsseldorfer Hofrat klar, was er von den Gegnern der Hexenverfolgung hält. In seinen Augen ist der berühmte Professor Christian Thomasius, auf dessen Wirken hin in den benachbarten Ländern die Hexenverfolgung eingestellt worden war, selbst ein Hexenmeister, der bei Johannes Weyer und Agrippa in die Lehre gegangen sei. Fantasie und Einbildungskraft seien nicht die Gründe für Hexenwerk, sondern einzig das Einwirken des Teufels. Beweis dafür sei bei Curtens das Einsperren in einen Kerker gewesen: Wenn die Tobsuchtsanfälle natürliche Gründe gehabt hätten, hätten diese in Gefangenschaft aufhören müssen, doch da sie weitergingen, sei dies der Beweis für das Einwirken des Teufels.

Von besonderem Interesse sind für Schwarz auch der Vorwurf des vorgetäuschten Wunders, der Heilung Helenes, und der ge-

27

Der Gerres-
heimer
Hexenstein

fälschten Devotionalien, die Tücher. Dadurch werde die Stadt Kevelaer als bedeutender Wallfahrtsort in Misskredit gebracht. Schwarz und seine Familie haben enge persönliche Bindungen zum Wallfahrtsort Neviges, der erst im Jahr 1681 unter dem Fürstbischof zu Münster etabliert worden war.

Kurz nach Ende des Gerresheimer Hexenprozesses wird Schwarz von Kurfürst Karl Philipp zum „Geheimen Rat" befördert – sehr zum Unbill des gesamten Hofrats. Dies könnte ein

140 Vennhausen

Indiz dafür sein, dass der Bruder Jan Wellems durchaus ein Anhänger der Hexenverfolgung ist.

Der Gerresheimer Hexenstein

Lange war es aus dem Bewusstsein der Gerresheimer Bürger verschwunden, das Schicksal der beiden Frauen, die 1738 auf dem Gerresheimer Gallberg als Hexen verbrannt werden. Ausgerechnet ein Karnevalsorden rückt die Geschehnisse wieder an das Licht der Öffentlichkeit. Die Gerresheimer Bürgerwehr kreiert für die Karnevalssession 1987 einen Orden, der das Motiv der Hexenverbrennung vom dortigen Heimatbrunnen aufnimmt. Ein Vorschlag, der die Gemüter bewegt. Die Lehrerin Monika Bunte regt daraufhin die Errichtung eines Gedenksteins an und gründet die Initiative *Gedenkstein Hexenprozess*. Nach monatelanger Öffentlichkeitsarbeit und Spendensammlung wird am 25. November 1989 auf dem Platz zwischen Dreher- und Schönaustraße das Monument *Befreiung* von Gabriele Tefke eingeweiht. Dieses ziert die Inschrift: „Für Helene M. Curtens und Agnes Olmans, in Gerresheim verbrannt am 19. August 1738 nach dem letzten Hexenprozess am Niederrhein, und für alle Gequälten und Ausgestoßenen".

„für alle Gequälten und Ausgestoßenen"

Gegner des Hexenwahns

Wenn auch der Hexenprozess in Gerresheim der letzte Hexenprozess in Westdeutschland ist, so darf dabei nicht vergessen werden, dass zwei der größten Gegner der Hexenprozesse in Düsseldorf geboren wurden bzw. dort gewirkt haben.

Johannes Weyer wird 1515 in Brabant geboren. Er studiert bei Agrippa von Nettesheim und wird nach dem Studium der Medizin in Paris und Orléans 1537 promoviert. Nach seiner Anstellung als Stadtarzt von Arnheim avanciert er 1555 zum Leibarzt des Herzogs Wilhelm V. von Jülich-Kleve-Berg. In seinem 1567 erschienenen Buch *Arzneybuch von etlichen bisanher unbekannten und unbeschriebenen Krankheiten* beschreibt er zum ersten Mal Krankheiten wie Magersucht und die Bornholm-Krankheit. Sein bekanntestes Werk wird jedoch das Buch gegen die Hexenprozesse *De praestigiis daemonum et incantationibus ac veneficiis*. Mit ihm wendet er sich an den Kaiser und alle Fürsten, um sie von dem Unrecht der Hexenverfolgung zu überzeugen. Die katholische Kirche greift ihn heftig an, betitelt ihn als Ketzer und setzt seine Bücher auf den Index der verbotenen Bücher. Nachdem Wilhelm V. und dessen Sohn Johann Wilhelm schwer erkranken, nehmen die Hexenverfolgungen im Lande, befördert durch die katholischen Räte, wieder zu. Weyer flieht nach Tecklenburg, wo er am 24. Februar 1588 stirbt.

Die katholische Kirche betitelt ihn als Ketzer

Ein zweiter großer Kritiker der Hexenverfolgung ist Friedrich Spee von Langenfeld, der am 23. Februar 1591 in Kaiserswerth geboren wird. Er besucht in Köln ein Jesuitengymnasium, beginnt dort ein Jurastudium, tritt aber dann dem Jesuitenorden bei. 1622 zum Priester geweiht, geht er 1628 als Missionar nach Peine, wo er 1629 bei einem Attentat schwer verletzt wird. Danach lehrt er in Paderborn Moraltheologie, ehe ihm im Januar 1631 die Lehrerlaubnis entzogen wird. Immer kritisiert er die Praxis der Hexenprozesse. Nach seiner Demission verfasst er in Rinteln anonym und ohne Druckerlaubnis seine Schrift gegen die Hexenverfolgung *Cautio criminalis seu de processibus contra sagas liber*. Noch wird er zu den letzten Gelübden zugelassen. Als jedoch 1632, wiederum anonym, die zweite Auflage seines Werkes erscheint, wird er nach Trier versetzt, darf dort aber wieder Moraltheologie lehren. Als die Stadt von kaiserlichen Truppen erobert wird, pflegt er Kranke und Verwundete, bis er unter der grassierenden Seuche stirbt.

Eller

„In Eller stirbt man schneller", so heißt es, was dem Ort im Süden Düsseldorfs jedoch unrecht tut. Schon im 2. Jahrhundert ist das Gebiet des heutigen Düsseldorfer Stadtteils besiedelt, doch erst 1218 wird der Ort *Elnere* zum ersten Mal urkundlich erwähnt. Sein Name bedeutet *Weide am Sumpf*. Eine Burg wird Ende des 13., Anfang des 14. Jahrhunderts errichtet und wechselte häufig den Besitzer. Woher der Stadtteil seinen schlechten Ruf hat, ist heute nicht mehr eindeutig festzustellen – vielleicht liegt es allein an dem hohen Arbeiteranteil, der dort Anfang des 20. Jahrhunderts lebt und für viele soziale Spannungen und auch Auseinandersetzungen verantwortlich ist.

In dubio pro reo – der Fall Ratte

Sechs Wochen erst ist sie Witwe, als Frau Ratte am Abend des 18. April 1909 gegen 23.45 Uhr zusammen mit ihrem neuen Bräutigam und dessen Schwester in ihr Haus nach Eller zurückkehrt. Als sie nur noch fünf Meter von der Haustür entfernt ist, zerreißen zwei Schüsse die Nacht. Getroffen sinkt Frau Ratte zu Boden. Die Kugeln sind in die linke Brustseite eingedrungen. Am Morgen des 19. April erliegt die Frau ihren Verletzungen – nicht ohne zuvor ihren Mörder benannt zu haben: den Fuhrunternehmer Heinrich Ratte. „Es ist der Gries, mein Stiefsohn Heinrich, den ich bestimmt erkannt habe!"

Getroffen sinkt Frau Ratte zu Boden

Am Tatort findet die Polizei ein 16-Millimeter-Jagdgewehr, aus dem die tödlichen Schüsse abgegeben worden sind. Es stammt aus dem Haus des Opfers, in das zuvor eingebrochen worden ist. Ein Fenster ist zerschlagen, an den Scheiben klebt Blut. Als ein Hund darauf die Fährte aufnimmt, führt er die Polizisten zum Haus des Eller Bahnwärters. Der erklärt, Heinrich Ratte sei in der Nacht auf einen Kaffee vorbeigekommen. Daraufhin wird der vermeintliche Täter in seiner Wohnung in der Kirchstraße festgenommen.

Rattes verstorbener Vater ist Landwirt gewesen, der durch geschickten Verkauf seines Ackerlandes zu einem beträchtlichen Vermögen von bis 400.000 Mark gekommen ist. Sein Sohn, der von Bekannten als jähzornig und arbeitsscheu beschrieben wird, prahlt immer wieder mit dem Erbe seines Vaters. Dieser aber heiratet noch auf dem Sterbebett seine ehemalige Haushälterin und ernennt sie zur Alleinerbin – seine sechs Kinder gehen leer aus. Heinrich Ratte kocht vor Wut! Einem Freund soll er das Barvermögen seines Vaters angeboten haben, wenn dieser die „Erbschleicherin" umbringe.

Ratte hat ein eindeutiges Motiv. Zudem stellen die Polizisten eine ovale Verletzung an seinem Handgelenk fest und finden Blutspuren an seiner Jacke, aus der ein Teil des Futters herausgerissen ist.

Ratte bestreitet seine Schuld vehement. Er sei an dem Abend nicht in der Nähe des Tatorts gewesen, habe nicht die Stiefel getragen, deren Fußspuren um das Haus gefunden worden sind, und die Handverletzung habe er sich beim Zerreißen einer Kordel zugezogen. Die Mediziner können nicht eindeutig feststellen, woher die Verletzungen Rattes stammen. Weitere Zweifel kommen auf: In der tiefen Dunkelheit der Tatnacht hätte Frau Ratte den Schützen gar nicht erkennen können.

> **Ratte hat ein eindeutiges Motiv**

Und auch eine andere Person rückt in das Interesse der Justiz: der neue Bräutigam der getöteten Witwe Ratte, der Kölner Ansichtskartenhändler August Luis. Dieser hat mit der nicht eben als tugendhaft geltenden Witwe eine „Honigreise" in ihre Heimatstadt Magdeburg unternommen. Er erklärt, die Beziehung zu Frau Ratte nicht wegen ihres beträchtlichen geerbten Vermögens geführt zu haben – was ihn jedoch nicht davon abgehalten hat, noch in der Mordnacht Schmuck und Sparbücher aus den Schränken an sich zu nehmen, während seine Braut in der unteren Etage des Hauses um ihr Leben kämpft. Der Verdacht gegen ihn kann sich jedoch nicht erhärten.

Am 24. September 1909 gegen 14 Uhr ziehen sich die Geschworenen zur Beratung zurück. Bereits nach zehn Minuten verkünden sie das Urteil über Heinrich Ratte: nicht schuldig. Im Zweifel für den Angeklagten.

Unterbach

Im Südosten der Stadt liegt der Stadtteil Unterbach, der geprägt wird von seinem Naherholungsgebiet, dem Unterbacher See. Der ehemalige Baggersee ist 83,6 Hektar groß und bis zu 13,4 Meter tief.

Auf dem sumpfigen Gebiet, das am Mauspfad liegt, einer ehemals bedeutenden Handelsstraße, entsteht zu Ende des 12. Jahrhunderts eine Wasserburg, die dem Ritter Heriman de Onterbeke gehört. Der Eselsbach, der Unterbach, den benachbarten Stadtteil Eller sowie dessen Schlosspark durchfließt, mündet in die südliche Düssel. Er gibt dem Stadtteil sein Wappentier – den Esel. Der läuft alljährlich an der Spitze des Karnevalszuges – und so lautet der Schlachtruf der Unterbacher Narren laut „I-A". Neubürger können sich zum Esel schlagen lassen. So wundert es nur wenig, wenn sich der Ausspruch „Die Unterbacher Esel kommen" nicht unbedingt auf Tiere bezieht.

Das letzte Halali – der Fall Senger

Es ist fünf Uhr früh, als der Unterbacher Bäckermeister Werner Senger am 25. Juni 1995 zur Jagd geht. Er will am Erkrather Römerweg Kaninchen schießen. Senger geht gern so früh auf Jagd. Genießt die Ruhe, während er wartet.

Doch seit einiger Zeit herrscht Unruhe in seinem Revier. Immer wieder kommt es zu Störungen und Sabotageakten. Demolierte Ansitze, zerstochene Autoreifen, zerkratzte Autos und Beleidigungen sind an der Tagesordnung. „Das Revier", so die Zeitschrift *Die Pirsch,* „ist zur bevorzugten Spielwiese von Jagdgegnern und autonomen Tierschützern geworden."

Als Senger um die Mittagszeit immer noch nicht zu Hause ist, sind seine Frau und Tochter beunruhigt und begeben sich auf die Suche nach ihm. Als sie am Erkrather Römerweg ankommen, sehen sie dort seinen grünen Opel Astra Caravan stehen, von Senger selbst fehlt jede Spur.

Nicht weit vom Auto finden sie Sengers Leiche

Nur der Jagd-Terrier der Familie ist im Auto eingesperrt. Beiden ist klar, dass etwas nicht stimmt, und sie begeben sich auf die Suche. Nicht weit vom Auto finden sie Sengers Leiche, notdürftig mit Erde und Brennnesseln bedeckt, drei Schüsse sind ihm in Brust, Schulter und Kopf gefahren. Neben seiner Leiche liegen fünf tote Kaninchen. Als die Polizei am Tatort ankommt, findet sie weder die Mordwaffe noch Patronenhülsen oder Projektile.

Tagelang durchforstet die Polizei die Umgebung – ohne Ergebnis. Auch hat niemand der allmorgendlichen Jogger, Spaziergänger und Radfahrer etwas Verdächtiges beobachtet, keiner hat Senger am Tatmorgen gesehen. Sein Fernglas, der Autoschlüssel und das Portemonnaie sind spurlos verschwunden, ebenso sein Handy, das Senger immer bei sich trägt – eine Tatsache, die Mitte der 90er-Jahre nicht selbstverständlich ist. Polizei, Familie und Freunde stehen vor einem Rätsel. Würde sich das Jagdgewehr des Mordopfers, eine Savage Kaliber 22, Magnum 20/70, finden, wäre dies eine heiße Spur. Aber das Gewehr ist bis heute verschwunden. Die Kreisjägerschaft erhöht die von der Staatsanwaltschaft ausgesetzte Belohnung von 3000 auf 20.000 D-Mark, doch der Mord an Senger bleibt bis heute unaufgeklärt. Die Akten des rätselhaften Mordfalls sind vorläufig geschlossen, neue Ermittlungsansätze gibt es nicht.

Das Gewehr ist bis heute verschwunden

Gedenkstein für den hier ermordeten Werner Senger

Urdenbach

Seit 1929 gehört das südlich gelegene Urdenbach zu Düsseldorf.
Bekannt ist der Ort, der bereits im
14. Jahrhundert existiert, durch
die großen Feiern, die alljährlich
zum Erntedankfest stattfinden,
und die Urdenbacher Kämpe.
Die Auenlandschaft umfasst ein
Gebiet zwischen dem Rhein und
einen Altarm des Flusses, der
seinen Verlauf im 14. Jahrhundert nach einem Hochwasser um
mehrere Hundert Meter nach
Westen verlegt hat. Heutzutage
steht sie unter Naturschutz und
lockt besonders an schönen Tagen zahlreiche Besucher an. In
früheren Zeiten aber war das
Gebiet der Kämpe geprägt von
einem düsteren Moor, dicht be-
wachsen und sagenumwoben.

Der Werwolf von Urdenbach

Vor langer Zeit machte sich eines Morgens ein junges Mädchen von Baumberg auf ins benachbarte Urdenbach, es wollte dort für seine Großmutter einige Besorgungen verrichten. Der Weg war zu damaliger Zeit beschwerlich. Einen großen Umweg musste das Mädchen nehmen, um nicht auf geradem Wege in den Tiefen des Morastes der Urdenbacher Kämpe zu versinken. Und so kam es, dass sich der Tag fast dem Ende zuneigte, als es mit seinen Besorgungen fertig war. Eilig machte sich das Mädchen auf den Weg zurück, vergaß in seiner Eile alle Vorsicht und suchte seinen Weg durch die Kämpe abzukürzen. Immer tiefer geriet das Mädchen in das Dickicht des wilden Geländes, und Verzweiflung bemächtigte sich seines Herzens. Als es schließlich nicht mehr weiterwusste, blieb es stehen und schaute sich ängstlich um. Nirgends war ein Weg zu sehen, kaum noch durchdrangen die letzten Sonnenstrahlen das Dickicht. Das Mädchen setzte sich nieder und fing an, bitterlich zu weinen.

Immer tiefer geriet das Mädchen in das Dickicht

Wie lange es so geweint hatte, vermochte das Mädchen nicht zu sagen, doch als es wieder aufsah, stand der Vollmond hoch am Himmel. Entsetzt sprang es auf und versuchte seinen Weg durch das Dickicht zu finden. Nach einiger Zeit und Mühe erreichte es

endlich die Brücke über den alten Rhein, von dem der Fuhrweg von der hohen Hecke zur Kämpe hin führte. Da hörte das Mädchen ein lautes Geheul, und noch eh' es sich umschauen konnte, fiel eine schwere Gestalt auf es hinab. Fellbewehrte Pranken schlangen sich um seinen Hals – ein Werwolf hatte das Mädchen erwischt. Alles Weinen und Umsichschlagen nützte nichts, es musste den Werwolf auf seinem Rücken mitschleppen. Das Mädchen rannte, so schnell es konnte, zurück nach Baumberg. Sein Herz raste, Tränen flossen über seine Wangen, der Werwolf auf seinem Rücken aber lachte laut und trieb es an.

> **Das Mädchen rannte, so schnell es konnte**

Erst als sie die ersten Lichter Baumbergs sahen, ließ die Kreatur von dem Mädchen ab und verschwand im Dickicht. Das Mädchen aber begab sich eiligst zum Haus seiner Großmutter. Als es das letzte Stück gelaufen war und in die Stube seiner Großmutter trat, nahm es noch das erstaunte Gesicht seiner Großmutter wahr, brach zusammen und war tot.

 Was dahintersteckt:

Werwölfe huckepack

Allen Werwolfgeschichten ist gemein, dass die Werwölfe sich auf den Rücken ihrer Opfer fallen und sich von ihm tragen lassen; andere Bösartigkeiten werden von ihnen nicht berichtet.

Halloween in Bilk

In den alten Kellergewölben des *Grovenhuses* zu Bilk (Neusser-/Ecke Brückenstraße) soll eine Bande von Werwölfen gehaust haben, die dort ihr Unwesen trieb. Auch dem ehrwürdigen Pfarrer Binterim lauern sie auf, fallen ihn an und lassen sich von ihm eine Strecke lang tragen. Es stellt sich allerdings wenig später heraus,

dass diese „Werwölfe" junge Kerle sind, die sich in angetrunkenem Zustand unschuldiger Reisender annehmen.

Wahnsinniger Werwolf

Auch auf dem Püdlerhof zwischen Grafenberg und Gerresheim treiben Werwölfe ihr Unwesen. An dieser Stelle wird 1876 die Provinzial-Heil- und Pflegeanstalt Grafenberg eröffnet. Einem Tobsüchtigen gelingt es, nur mit einem Hemd bekleidet, von dort zu fliehen. Er springt einem Schuster aus Hubbelrath auf den Rücken. Der entsetzte Schuster trägt den verwirrten Mann bis zu sich nach Hause und sperrt ihn dort in einen Ziegenstall, wo ihn die Wärter der Anstalt abholen.

Urdenbacher
Kämpe

Das linksrheinische Düsseldorf

Prächtige Häuser aus der Gründerzeit und stilvolle Neubauten erwecken einen wohlhabenden Eindruck. Und tatsächlich zählt der 1909 eingemeindete Ortsteil Oberkassel zu den reichsten Stadtteilen Düsseldorfs. Noch Mitte des 19. Jahrhunderts sind die heutigen Stadtteile Ober- und Niederkassel sowie Lörick kleine bäuerliche Siedlungen, die zur Bürgermeisterei Heerdt gehören. Nach dem Bau der Oberkasseler Brücke, der ersten befestigten Brücke Düsseldorfs, zieht es immer mehr Düsseldorfer zum Wohnen auf die linke Rheinseite. Zusammen mit diesen „Zugereisten" und durch geschicktes Taktieren gelingt es dem Heerdter Bürgermeister Nikolaus Knopp 1909, die Eingemeindung der Bürgermeisterei Heerdt nach Düsseldorf zu bewirken. Wenig zeugt heute noch von der landwirtschaftlichen Nutzung der Gebiete auf der linken Rheinseite, nur in Niederkassel finden sich heute noch Spuren bäuerlicher Vergangenheit.

31

Der Wilde Jäger

Es war vor vielen Jahren in einer stürmischen, kalten Nacht – der Dreikönigsnacht. Gehetzt irrte ein junger Jäger in dem großen Wald auf der linken Rheinseite unweit der Dörfer Nieder- und Oberkassel umher. Was hatte er nur getan!?

Einen Hirsch hatte er geschossen, einen, den nur der Herr des Landes hätte schießen dürfen. Dennoch hatte er ihn geschossen, abgehäutet und verkauft. Er hatte es tun müssen – wie sonst hätte er die Kette für seine schöne Angebetete kaufen können? Wie sonst würde er ihr beweisen können, dass er sie von ganzem Herzen liebte?

Er wusste, was er getan hatte, war unrecht, und der sichere Tod wartete auf ihn, wenn man herausfand, dass er den Hirschen geschossen hatte.

Der sichere Tod wartete auf ihn

Tiefer und tiefer lief der junge Jäger in den Wald, der Wind pfiff und heulte zwischen den Bäumen. Dann kam er auf eine Lichtung. Hier blieb er stehen, schaute sich um, fiel auf die Knie und rief: „Oh, du Wilder Jäger, Herr über Wälder und Auen, sieh her, hier knie ich und rufe dich um Hilfe. Ich flehe dich an: Hilf mir!" – Stille. Nichts geschah.

Plötzlich aber hörte er in der Ferne ein Grollen. Ein mächtiger Donner betäubte fast seine Ohren, im Wind war das unheimliche Jaulen von Hunden zu hören, und dann erschien er – der Wilde Jäger.

Riesig war er, ganz in Grün und Braun gekleidet, zeigte ein dunkles, vom Wetter gegerbtes Gesicht und riesige Hände, in deren einer er eine Axt, in der andern eine Armbrust hielt – Feuer blitzte aus seinen Augen.

dann erschien er, der Wilde Jäger

„Was willst du von mir, kleiner Mann?!", herrschte er den zitternden jungen Jäger an.

„Ich … ich …", stotterte dieser und erzählte dem Wilden Jäger seine Geschichte.

„Nun, so will ich dir helfen. Aber für die Rettung deines Lebens verlange ich einen Preis!"

Das Oberkasseler Rheinufer

31

„Alles, alles, was du willst, sei dir hiermit versprochen!"

„Wirklich alles?", fragte daraufhin die riesige Jägergestalt.

„Ja", hauchte der Jüngling verzweifelt.

„So sei es. Eine junge, hübsche Maid liebst du, ihretwegen hast du dies Wagnis auf dich genommen. Sie soll mein Lohn sein. In einem Jahr bringe sie mir an diese Stelle, sodass sie mein sei!", sprach der Wilde Jäger und verschwand.

Was hatte er nur getan? Schmerzhaft zuckte der junge Mann zusammen. Was hatte er nur getan? Er hatte seine Liebste einem Ungeheuer versprochen, und es gab kein Zurück.

Der Wilde Jäger hielt sein Wort. Niemand erfuhr jemals von der Tat des jungen Mannes, die Tötung des Hirschen blieb ungesühnt seitens des Landesherrschers.

Das Jahr verging. Die junge Frau erhörte die Bitten des Jünglings, versprach, ihn zu heiraten. Er hätte glücklich sein können, doch immer, wenn er seine Verlobte ansah, musste er an sein Versprechen denken. Je näher der Dreikönigstag heranrückte, umso schwermütiger wurde der junge Jäger.

Als der Tag nun gekommen war, fragte ihn seine Verlobte, warum sein Gemüt so traurig sei. Er bat sie, ihm zu folgen, schwang seine Armbrust über die Schulter und ging mit ihr schweren Herzens in den Wald und rief den Wilden Jäger.

Doch bevor dieser erschien, tötete er seine Verlobte und dann sich selbst. Der Wilde Jäger aber, die Toten nicht wahrnehmend, fuhr wie rasend durch den Wald und suchte die ihm versprochene Maid, aber vergeblich. Wütend fegte er von dannen, und noch heute saust er am Dreikönigstag als heftiger Sturm durch die Lande, auf der Suche nach seinem Lohn.

Die hochnäsigen Bauern von Niederkassel

Vor vielen Jahren, als noch keine Brücken die beiden Rheinseiten bei Düsseldorf verbanden und sich die Menschen mühsam mit der Fliegenden Brücke den Weg über den Rhein bahnten, existierten auf der linken Seite des Rheines vier kleine Ortschaften – die Dörfer Nieder- und Oberkassel, Lörick und Heerdt.

Besonders in der Gegend von Niederkassel war der Boden sehr fruchtbar, und so kam es, dass die Niederkasseler Bauern zu Reichtum und Ansehen kamen. Voller Überheblichkeit schauten sie auf ihre armen Nachbarn herab.

Besonders zu Messzeiten, wenn alles Volk aus den vier Ansiedlungen nach Heerdt kam, um in der dortigen Kirche Gottes Lob zu hören, **putzten sich die Niederkasseler Bauern fein heraus**, trugen teure Seide, edle Ringe und ledernes Schuhwerk mit goldenen Schnallen. Ihre Frauen und Kinder waren nicht minder wertvoll gekleidet. So war es auch nicht verwunderlich, dass die hochnäsigen Grundbesitzer in der Kirche die besten Plätze für sich beanspruchten – sehr zum Unmut der ärmeren, aber frommeren Gemeindemitglieder. Der

Pfarrer von Heerdt sah dies alles und mahnte in seinen Predigten immer wieder zu Bescheidenheit und Demut, doch vergebens.

Eines Tages ließ der Wortführer der Niederkasseler Bauern vom Hufschmied Hufeisen aus Silber herstellen, versehen mit seinem Namen. Diese ließ er dann vom Schmied nur lose unterschlagen. Der wies den Hochmütigen darauf hin, dass die Eisen so abfallen würden.

„Aber, guter Mann, das ist es doch, was ich will. Soll doch alle Welt sehen, wie reich wir Niederkasseler Bauern sind", erwiderte der reiche Bauer und ritt nach Heerdt, um dort Besorgungen zu erledigen.

Wie geplant, verlor das Pferd nach und nach alle vier Hufeisen und erregte bei den Findern Neid und Wut.

Als dies der Pastor von Heerdt erfuhr, nahm er dies zum Anlass, bei der nächsten Predigt seiner Gemeinde ins Gewissen zu reden.

> „Kassel, Kassel, kannst den Hochmut nicht lassen!"

„Kassel, Kassel, kannst den Hochmut nicht lassen! Mit Feuer oder Wasser straft Gott, die ihn hassen!", rief er aus.

Und in der Tat, kurze Zeit später brach der Damm am „Heerdter Loch" und überschwemmte Hunderte Morgen von Ackerland mit Kies und Sand. Auf den Äckern der vormals so hochtrabenden Niederkasseler Gutsbesitzer wuchsen auf Jahre hin nur noch Brennnesseln und Unkraut. Aus reichen Bauern wurden arme Leute.

 Was dahintersteckt:

Das Heerdter Loch

Ein Damm wird auf der linksrheinischen Seite schon 1538 errichtet. Zum ersten Mal bricht er im Jahr 1784, kurz darauf im Jahr

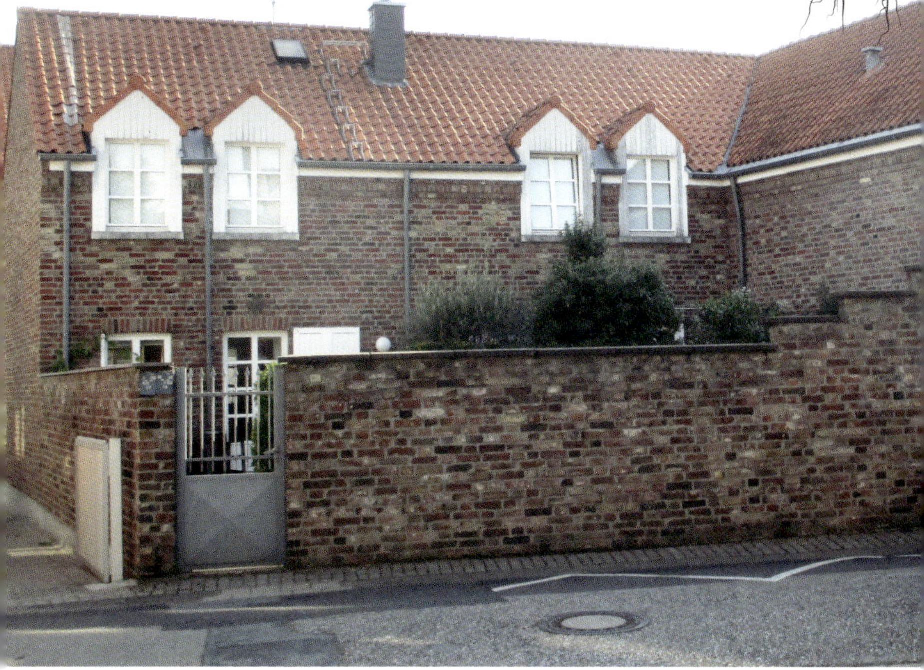

1795 zum zweiten Mal. Der Schaden ist so stark, dass über Jahre hinweg eine Lücke bleibt, das Heerdter Loch. Sehr zum Schaden der linksrheinischen Bewohner. So verursacht allein eine Überschwemmung 1824 einen Schaden von 42.208 Talern und zerstört knapp 600 Morgen Ackerland. Die Fluten haben daraus Sandwüsten gemacht.

Das versunkene Dorf

Der wahre Kern der Sage könnte im Untergang des ehemaligen Kirchdorfs Niel liegen. Es soll zwischen Heerdt, Niederkassel und Oberlörick liegen und wird in den Urkunden zwischen dem 11. und 13. Jahrhundert erwähnt. Bereits im 15. Jahrhundert ist es von den Fluten des Rheins verschlungen worden. Andere

Forschungen gehen davon aus, dass Niel zwischen Heerdt und Oberkassel lag. Schon 1298 wird es in Urkunden erwähnt, das Kölner Gereonstift besitzt dort einen Hof. Im Jahr 1486 könnte das furchtbare Hochwasser das Dorf vollständig vernichtet haben. In einem Bericht über den Heerdter Wald aus dem Jahr 1541 findet sich der Eintrag: „Neill, dat dorp isst affgedreven". Der Bürgermeister von Neuss berichtet 1608 von einem Gut Nelerfeld, das vor hundert Jahren vom Rhein hinweggenommen worden sei, dass kein Mensch es gesehen habe und niemand wisse, wo es gelegen habe. 1625 wird berichtet, vor Zeiten sei ein ganzes Dorf, *Neill* genannt, mit Kirche, Bischof und allem Zubehör abgetrieben, sodass nichts mehr davon übrig sei als nur ein Weg, der Nielerweg heiße. Die Überschwemmung geschieht vermutlich infolge des sich verändernden Rheinlaufes. Da dies aber nicht von jetzt auf gleich geschieht, ist anzunehmen, dass die Bewohner des ehemaligen Dorfes seinen Untergang un-

„Neill, dat dorp isst affgedreven"

Entlang des
Dorfs
Niederkassel
führte der
Treidelpfad

beschadet überstanden haben. Das ehemalige linksrheinische Dorf Niel würde durch die Wanderung des Flusslaufes heute auf der rechten Seite des Rheines stehen.

Die Fliegende Brücke

Die Fliegende Brücke ist lange Zeit die einzige Verbindung zwischen dem rechtsrheinischen Düsseldorf und dem linken Rheinufer, auf dem sich die Dörfer Nieder- und Oberkassel, Heerdt und Lörick befinden. Dabei ist der Begriff der Brücke wörtlich zu nehmen: Ein Brückenstück wird auf zwei Schiffrümpfen montiert und mit einem langen Seil in der Flussmitte verankert. Allein durch die Strömung des Rheins und mit der richtigen Anwendung des Ruders wird die so entstandene Pontonfähre über den Rhein geschwenkt. Auf Düsseldorfer Seite legt die Fliegende Brücke am Zolltor an. Sie verrichtet von 1699 bis 1839 ihren Dienst, bevor eine Schiffsbrücke sie ersetzt.

Bergisches
Land

Düsseldorf gehört zum Rheinland! Doch ist das nicht immer so gewesen. Nachweis dafür liefert das Stadtwappen, in dem der Anker als Symbol für Düsseldorfs Lage am Wasser, dem Rhein, vom Bergischen Löwen gehalten wird. Dieser gelangt erst im Laufe des 16. Jahrhunderts auf den Wappenschild der Stadt, nachdem der Herzog von Berg bereits 1386 seine Residenz von Schloss Burg an der Wupper nach Düsseldorf verlegt hat. Mit der Besetzung des Herzogtums durch die napoleonischen Truppen endet 1805 die Existenz des Herzogtums, das 1822 Teil der preußischen Rheinprovinz wird. Neben den alten bergischen Städten Ratingen, Solingen, Radevormwalde oder Wipperfürth mit ihren historischen Fassaden und denkmalgeschützten Gebäuden bilden Städte wie Wuppertal und Leverkusen das wirtschaftliche Rückgrat der Region. Wirklich prägend für ihre Außendarstellung ist aber die Bergische Kaffeetafel. An ihr sitzen auch heute noch Einheimische und Touristen und erzählen sich bei Dröppelminna, Pumpernickel, Honig und Waffeln die Geschichte des starken Hermels.

Der starke Hermel

Vor langer Zeit, als das Land von Berg noch wild war, die Städte noch nicht gegründet und kein Fürst über die Bewohner des Landes herrschte, fielen aus dem Norden mächtige Krieger über das Land her. Heftig wehrten sich die Menschen gegen ihre Unterjochung, doch war all ihr Ringen vergebens. Die Fremdlinge besaßen Waffen, die bei Weitem mächtiger waren als die der Einheimischen. Und so kam es, dass sie diese unterwarfen. Und wer nicht von ihnen niedergemetzelt wurde, musste ihnen von nun an dienen.

So zogen die Jahre ins Land. Die Fremden unterjochten die Bewohner, zwangen sie, Frohndienste zu leisten und ihnen den Ertrag ihrer Felder zu überlassen. Alles, was sie ernteten, mussten sie abgeben, kaum blieb ihnen etwas zum Leben. Die Besatzer jedoch ließen es sich gut gehen und lebten auf Kosten der Bevölkerung in Saus und Braus.

So zogen die Jahre ins Land

Da geschah es, dass die fremden Herrscher eines Tages einen jungen Burschen zur Arbeit zwangen, den starken Hermel. Dieser maß fast drei Meter und hatte die Kraft von drei ausgewachsenen Auerochsen, dabei war er aber gutmütig und einfältig. Man behauptete, dass er sieben Jahre an der Brust seiner Mutter gelegen habe.

Die Fremden freuten sich, nun einen so kräftigen Burschen in ihren Diensten zu haben.

An seinem ersten Arbeitstag schlief Hermel noch, als all die anderen Frohnleute schon in der Scheune beim Dreschen des Korns waren. Nach vielen Versuchen gelang es den Fremden endlich, den großen Mann zu wecken. Der reckte sich ausgiebig und ging in die Scheune. Als er sah, was dort vor sich ging, sagte er:

„Was, für dies winzige Stück Arbeit habt ihr mich geweckt? Da hätte ich ja noch bis Mittag schlafen können und hätt' bis zum Abend alles alleine fertiggebracht! So lasst mich arbeiten, ich verlange als Lohn nur etwas Stroh für mein Lager und Brot und Fleisch, so viel ich essen kann."

Das gestanden ihm die Fremden gerne zu, wäre doch dann die Arbeit, die oftmals viele Tage dauerte, an einem Tag verrichtet.

Also ging Hermel in den Wald, pflückte sich einen Baumstamm und befestigte den mit einem starken Seil an einer Tanne. Mit diesem Dreschflegel ausgerüstet, ging er zu der Scheune, nahm deren Dach ab und fing an, das Korn zu dreschen. Nach nicht einmal einer Stunde war das Werk vollbracht. Die Fremden waren erfreut.

> „Was, für dies winzige Stück Arbeit habt ihr mich geweckt?"

„So", sprach nach getaner Arbeit Hermel, „nun bringt mir einen Wagen voll Stroh für mein Lager, damit ich diese Nacht weich liege. Und auch das versprochene Fleisch und Mehl fürs Brot bringt heran!"

Als die Fremden den Wagen brachten, belud Hermel diesen mit so viel Stroh, dass die Ochsen den Karren nicht zu ziehen vermochten. Da schnappte Hermel sich die Tiere, warf sie oben auf den Wagen, packte noch drei Säcke Mehl obendrauf und sprach: „Nun hab' ich alles, was mir versprochen wurde." Gut gelaunt zog er mit dem Karren von dannen.

Die Fremden aber erkannten, dass dieser Bursche sie noch teuer zu stehen kommen würde. Doch niemand unter ihnen fand sich, der den Mut bewies, den Hermel fortzuschicken. Guter Rat war ihnen teuer. Da verfielen sie auf eine gemeine List.

Am nächsten Tag baten sie den gutmütigen Hünen, einen tiefen Brunnen zu reinigen. Hermel stieg froh gelaunt in den Brunnen und fing an, diesen zu säubern. Die Fremden jedoch begannen von oben große Steinblöcke hinunterzuwerfen. Dies würde dem Hermel sicher den Garaus machen.

Zu ihrer Verwunderung hörten sie diesen jedoch rufen: „So schickt doch die dummen Hühner weg, sie scharren den ganzen Kies in das Brunnenloch! Wie soll ich denn dabei fertig werden?"

Dies würde dem Hermel sicher den Garaus machen

Da rollten die Fremden ein großes Mühlrad heran und warfen es über den Brunnenrand. Auch eine große Kirchenglocke warfen sie hinterher. Als sie aus dem Brunnen keine Geräusche mehr hörten, begannen sie zu jubeln. Doch plötzlich erschien am Rande des Brunnens der große Hermel. Den Mühlstein hatte er sich als Kragen umgelegt, die Glocke prangte als Hut auf seinem Kopf.

„So, der Brunnen ist gesäubert", sprach er. „Habt Dank für den eleganten Kragen und den schönen Hut, den ihr mir geschickt habt. Aber sagt, was gibt es noch für mich zu tun? Es ist noch nicht einmal Mittag."

Erstaunt schauten die Fremden den Hermel an. Und in all ihrer Ratlosigkeit fiel ihnen nichts anderes ein, als ihn zum Holzfällen in den Wald zu schicken. Als er dort einige Zeit gearbeitet hatte und die Sonne hoch am Himmel stand, beschloss er, einen Mittagsschlaf zu halten.

Da steckten die Fremden den Wald in Brand und veranstalteten einen Freudentanz.

Der Hermel aber schlief weiter. Doch nach einiger Zeit wurde es ihm unter der Glocke immer heißer, und er wurde wach. Als er aufstand und die Fremden voller Freude sah, erkannte er, was sie geplant hatten. Daraufhin nahm er einen gewaltigen Stamm und erschlug die Fremden einen nach dem anderen. Nur wenige entkamen dem Zorn des großen Hermel und flüchteten über den Rhein.

Seit diesem Tag hat man von den Fremden nie wieder etwas im Bergischen Land gesehen.

 Was dahintersteckt:

Invasoren im Rheinland

Die Sage um den großen Hermel fehlt in fast keinem deutschen Sagen- und Märchenbuch des 18. und 19. Jahrhunderts. Wo genau sich das Geschehen um den starken Hermel abgespielt haben soll, kann nicht festgestellt werden. Ob das Dorf, in dem sich der Brunnen befindet, das Dorf an der Düssel ist? Schön wäre das.

> **Ob das Dorf, in dem sich der Brunnen befindet, das Dorf an der Düssel ist?**

Auch darüber, um wen es sich bei den Fremden handelt, die über das Land herfallen, können nur Vermutungen angestellt werden. In früheren Fassungen der Geschichte werden die Fremden zumeist als Heiden bezeichnet. Dies könnte zu dem Schluss führen, dass es sich bei ihnen um Römer oder aber um Wikinger handelt.

Bereits im Jahr 16 v. Chr. haben die Römer an der Erftmündung ein befestigtes Lager aus Holz errichtet. Mitte des 1. Jahrhunderts n. Chr. entsteht beim heutigen Ort Neuss-Grimlinghausen ein steinernes Römerlager, das Ende des 3. Jahrhunderts aufgegeben

wird. Um das Lager herum bilden sich zivile Ansiedlungen, aus denen das heutige Neuss entsteht.

Wahrscheinlicher ist aber, dass es sich bei den Fremden um Wikinger handelt, die im Laufe des 9. Jahrhunderts auch das Rheinland überfallen und plündern. So fahren die Wikinger 862 n. Chr. erstmalig den Rhein hinauf und plündern die Stadt Köln, erobern 863 die Stadt Dorestad, Konkurrent des dänischen Handelszentrum Haithabu, und überfallen von dort aus die niederrheinischen Landschaften und die römische Festung Xanten. 881/82 fahren drei Wikingerschiffe den Rhein hinauf, plündern Ortschaften und Städte oder erpressen von den Bewohnern Geld. Köln, Bonn, Neuss und Andernach werden angegriffen, gegen die Bezahlung eines Lösegelds aber

862 n. Chr. fahren die Wikinger erstmalig den Rhein hinauf

verschont. Als die Wikinger auf ihrer Rückreise wieder an Köln vorbeikommen, kann die bereits geschröpfte Stadt kein erneutes Lösegeld aufbringen und wird daraufhin niedergebrannt.

Bild
nach
weis

Alle Fotos: Jan Wucherpfennig, außer:
S. 6 © Arkadius Zagrabski, Langenfeld;
S. 33, 42, © Michael Rennertz, Meerbusch;
S. 61 © Samuel Stührenberg, Düsseldorf

Bibliografische Information der Deutschen Nationalbibliothek
Die Deutsche Nationalbibliothek verzeichnet diese Publikation
in der Deutschen Nationalbibliografie; detaillierte bibliografische Daten sind im Internet über http://dnb.d-nb.de abrufbar.

© 2017 Droste Verlag GmbH, Düsseldorf
Satz und Gestaltung: Droste Verlag
Umschlaggestaltung: Britta Rungwerth, Düsseldorf,
unter Verwendung einer Abbildung von photolink © Fotolia
Druck und Bindung: Werbedruck GmbH Horst Schreckhase,
Spangenberg
ISBN 978-3-7700-2025-6

www.drosteverlag.de